Susanne Schaup · Elisabeth Kübler-Ross

W0063819

Susanne Schaup

Elisabeth Kübler-Ross

Ein Leben für gutes Sterben

Kreuz

Inhalt

Vorwort

Könnte man die Canyons vor den Stürmen
schützen, erblickte man niemals
die Schönheit ihrer Schluchten.

Elisabeth Kübler-Ross

In diesem Sinnbild ist Weisheit. Es will besagen, daß das Leben sich erst dann entfaltet, wenn wir uns seinen Schlägen aussetzen, statt uns den Risiken ängstlich zu entziehen. Alles, was uns am Leben hindert, unsere anerzogene und angesammelte Negativität, muß einmal ins Bewußtsein gehoben und losgelassen werden. Dann wird das Leben wie neu. Elisabeth Kübler-Ross hat im Umgang mit Sterbenden die paradoxe Wahrheit erkannt, daß die Nähe des Todes zum Leben verhilft. So ist die Erschütterung durch ihre Bücher eine vorübergehende und heilsame. Sie kann sich in Freude verwandeln, in eine neue Lebensbejahung. Denn, schreibt Elisabeth Kübler-Ross:

»Die Arbeit mit sterbenden Patienten ist nicht morbide und niederdrückend, sondern kann eine der beglückendsten Erfahrungen überhaupt sein, und ich habe das Gefühl, daß ich in den letzten Jahren intensiver gelebt habe, als manche Menschen es in ihrem ganzen Leben tun.« [1]

Ich nehme den siebzigsten Geburtstag von Elisabeth Kübler-Ross zum Anlaß, Rückschau auf ihr Lebenswerk zu halten. Ich will mir diesen ungewöhnlichen Entwicklungsweg vergegenwärtigen, der eine

Schweizer Ärztin in den Dschungel der Krankenhäuser von New York und von einer Station zur anderen führte, bis sie ihre Bestimmung fand. Jahrelang reiste sie um die Welt, um Vorträge und Seminare zu halten, um Menschen in Not beizustehen. Tausende hat sie beraten und betreut. Sie hat Trainingszentren und Hospize gegründet, jene Sterbekliniken nach englischem Muster, die Schwerkranken im Endstadium einen Tod in Würde ermöglichen. Sie hat achtzehn Bücher veröffentlicht, die in zwanzig Sprachen übersetzt wurden, und das Leben zahlloser Menschen berührt.

Hat sich unsere Kultur durch den Anstoß, den sie gegeben hat, verändert? Hat sie den Tod integriert, oder ist er noch immer die Katastrophe, die den anderen passiert, aber nicht einem selbst, die Sensation, die sich auf dem Bildschirm abspielt, im Kino, in Zeitungsmeldungen, aber nicht in unserer Nähe? Gehen wir besser mit Kranken und Sterbenden, mit ihren und mit unseren Ängsten um, weil Elisabeth Kübler-Ross den Bann gebrochen hat? Oder sitzt die »Verschwörung des Schweigens« so tief, daß nicht die Gesellschaft als Ganzes, sondern immer nur der einzelne sie überwinden kann, so wie jeder einzelne seinen Tod und die vielen kleinen Tode im Laufe des Lebens bestehen muß? Im Gesundheitswesen und im Leben vieler Menschen hat sich manches dadurch geändert, daß eine mutige Ärztin das Defizit benannt hat, an dem unsere Gesellschaft krankt. Als Kritikerin einer Medizin, die den Menschen mit seinen seelischen Bedürfnissen im Stich läßt, als Expertin der Sterbebegleitung und Pionierin der Thanatologie hat sie nicht nur mehr Menschlichkeit in das moderne Gesundheitswesen gebracht, sondern geistiges Neuland betreten. Elisabeth Kübler-Ross hat die Hoffnung ausgesprochen, daß wir einem Zeitalter entgegengehen, das für geistige Werte aufgeschlossener sein wird. Die Menschheit wird lernen müssen, sich als Teil eines Kosmos zu begreifen, in dem Leben und Tod aufeinander bezogen sind. Sie sind Teile eines Ganzen. Das Licht, das nach dem Zeugnis klinisch Toter, die ins Leben zurückgeholt wurden, jenseits des Todes auf uns wartet, wird um so unmittelbarer in das Leben hineinleuchten, je mehr Menschen diese Botschaft schon vor ihrem Tod annehmen und ihr Leben danach ausrichten.

1. Die Verschwörung des Schweigens

Ich bin überzeugt, daß wir mehr Schaden anrichten,
wenn wir das Thema Sterben aussparen, als
wenn wir im gegebenen Augenblick am Bett sitzen,
zuhören und diese Frage erörtern.

Elisabeth Kübler-Ross

Es begann mit einem jener Zufälle, die im Leben von Elisabeth Kübler-Ross eine so große Rolle spielten. Von 1963 bis 1965 hatte sie einen Lehrauftrag für Psychiatrie an der University of Colorado in Denver. Eines Tages ersuchte der ebenso angesehene wie exzentrische Professor Sydney Margolin seine junge Assistentin, ihn in einer Vorlesung für Medizinstudenten höherer Semester zu vertreten. Das Thema stünde zu ihrer freien Wahl.

Es war eine Herausforderung für sie, denn die angehenden Mediziner standen der Psychiatrie eher abweisend gegenüber. Was konnte sie ihnen bieten, das sie nicht langweilen würde? Sie machte sich auf die Suche nach einem Thema, das für junge Mediziner von allgemeinem Interesse wäre und in ihrer akademischen und klinischen Ausbildung fehlte. Sie beschloß, über den Tod zu sprechen, denn auf den Umgang mit Sterbenden wurden Medizinstudenten nicht vorbereitet. An der Fakultät herrschte dieselbe Verschwörung des Schweigens wie in den Krankenhäusern und in der breiten Öffentlichkeit. Schon in ihrer Arbeit in New York hatte sie festgestellt, daß der Tod ihren Kollegen Unbehagen bereitete. Ein sterbender Patient bedeutete für diese fortschritt-

11

lichen Mediziner ja ein Versagen ihrer ärztlichen Kunst.

Andere Kulturen haben ein natürlicheres Verhältnis zum Tod, und Elisabeth suchte sich in der Bibliothek Material zusammen über die unterschiedlichen Auffassungen von Tod und Sterben und die Trauerrituale in den verschiedenen Kulturen. Ihre Studenten hörten gebannt zu, aber auf das, was der Vorlesung folgte, waren sie noch weniger vorbereitet:

Elisabeth konfrontierte sie mit einem an akuter Leukämie erkrankten sechzehnjährigen Mädchen. Die Studenten hatten allenfalls mit einem alten, von seiner Krankheit gezeichneten Menschen gerechnet, aber nicht mit einem schönen Mädchen in der Blüte ihrer Jugend. Elisabeth hatte Linda in einem Zustand großer Verzweiflung angetroffen: Niemand wollte ihr die Wahrheit sagen. Ärzte, Krankenschwestern und Eltern waren außerstande, die Verschwörung des Schweigens zu durchbrechen. Sie beschwichtigten und vertrösteten sie, und ihre Mutter hatte gar eine Annonce in die Zeitung gesetzt mit der Bitte um Glückwünsche zum Geburtstag ihrer kranken Tochter. Erbitterung erfaßte das junge Mädchen, als sie die Haufen von kitschigen Karten mit sentimentalen Glückwünschen von wohlmeinenden Unbekannten empfing. Das war nicht die Sprache, die sie brauchte. Es war die Sprache der Heuchelei, der Oberflächlichkeit, der Verdrängung. Sie selbst wußte, was mit ihr los war, daß sie nie wieder zur Schule gehen, nie wieder Tennis spielen oder tanzen würde. Sie hätte sich gerne ausgesprochen mit ihrer Mutter und den Ärzten, aber sie stieß auf eine Mauer des Schweigens.

Elisabeth Kübler-Ross hatte sich zu ihr gesetzt und die meiste Zeit still zugehört. Sie hatte nicht beschwichtigt, sondern die Patientin ermutigt, auszusprechen, was ihr auf der Seele lag, und ihre Anteilnahme mit den schlichten Worten zum Ausdruck gebracht: »Es muß sehr schwer für dich sein.« Linda faßte Vertrauen zu der fremden Ärztin und erklärte sich bereit, vor einer Gruppe von achtzig Medizinstudenten Fragen über ihren Zustand zu beantworten. Elisabeth versicherte ihr, daß sie durch dieses Gespräch den angehenden Ärzten helfen würde, besser mit Kranken und Sterbenden umzugehen.

Die Studenten waren überwältigt von Lindas Auftreten. Sie sprach unbefangen über ihre Krankheit, ihre Gefühle, die Beeinträchtigungen ihres Lebens, ihre Frustrationen. Sie reagierten mit Beklemmung auf die Aufforderung, der Patientin Fragen zu stellen. Es erwies sich, daß sie größere Angst vor dem Sterben hatten als das junge Mädchen im Rollstuhl. Als junge gesunde Menschen, die das Leben vor sich hatten, wurden sie durch Linda mit ihrer eigenen Sterblichkeit konfrontiert. Nach dem Gespräch kehrte Linda in ihr Krankenzimmer zurück, und Elisabeth Kübler-Ross half den Studenten, sich darüber klar zu werden, was sie durch die Begegnung mit dem schwerkranken Mädchen erlebt hatten. Sie sahen sich ihrer eigenen Angst gegenüber, der Ursache der Verschwörung des Schweigens. Sie bekamen eine Ahnung davon, daß Heilkunst mehr bedeutet als die Anwendung einer Therapie nach besten wissenschaftlichen Erkenntnissen, daß sie ebensosehr eine »Kunst des Herzens wie des Verstandes« ist. Denn der Patient braucht nicht nur medizinische Betreuung und Pflege, sondern Einfühlungsvermögen und Aufrichtigkeit. Er will als Mensch wahrgenommen werden, nicht als medizinischer »Fall«. Die Aussprache der Studenten mit Elisabeth Kübler-Ross half den jungen Medizinern, die Barriere der Angst vor dem Tod ein Stück weit zu überwinden.

Diese Veranstaltung hätte eine Episode bleiben können. Im Jahr 1965 übersiedelte Elisabeth Kübler-Ross mit ihrer Familie nach Chicago und trat eine Stelle als Professorin für Psychiatrie an der University of Chicago an. Gleichzeitig betreute sie die stationären Patienten der psychiatrischen Abteilung in dem der Universität angegliederten Krankenhaus. So hätte sie weitermachen können. Sie freute sich, daß sie wieder Ärztin sein durfte.

Etwa drei Monate nach dem Beginn ihrer Arbeit am Billings Hospital kamen vier Theologiestudenten mit einer Bitte zu ihr. Sie sollte ihnen helfen, sich psychologisch auf ihren Beruf als Seelsorger vorzubereiten, denn eine entsprechende Ausbildung war in ihrem Studium nicht vorgesehen. Einer von ihnen hatte von ihrer Vorlesung in Denver und dem anschließenden Gespräch mit Linda gehört und fragte an, ob sie einer solchen Veranstaltung beiwohnen könnten. Sie seien dabei, eine Arbeit über das Thema »Krisen im Menschenleben« zu verfassen, und wollten sich mit Tod und Sterben als der schwersten Krise des Menschen befassen.

Elisabeth Kübler-Ross hatte oft erlebt, wie Pfarrer und Krankenhausseelsorger am Bett von Schwerkranken versagten. Die Angst vor dem Tod machte auch vor Theologen nicht halt. Wenn sie mit frommen Sprüchen ans Krankenbett kamen, fühlten die Patienten sich sehr oft im Stich gelassen. Sie brauchten Zuwendung, Verständnis, menschliche Anteilnahme und empfanden, daß die Geistlichen sich hinter der Bibel verschanzten, um die Wirklichkeit des Todes abzuwehren. Der Glaube, zu dem sie sich bekannten, hatte keine Überzeugungskraft für Menschen in körperlicher und seelischer Not. Diese vier Studenten wollten es besser machen, und Elisabeth Kübler-Ross erklärte sich bereit, ihnen zu helfen.

»Nach einiger Beratung beschlossen wir, uns an die Patienten selbst zu wenden und sie zu bitten, unser Lehrer zu werden. Wir wollten Schwerkranke beobachten, ihre Reaktionen und Bedürfnisse feststellen, die Einstellung der Umgebung untersuchen und den Sterbenden bei allem so nahe sein, wie sie es uns gestatten würden.« [1]

Als sie sich auf die Suche nach einem geeigneten Patienten machte, bekam sie erstmals den massiven Widerstand der Ärzte und des Klinikpersonals zu spüren. Manche lehnten es ab, ihre Patienten von ihr »ausbeuten« zu lassen. Ein Oberarzt erklärte, das Ansinnen, Theologiestudenten zu einem Gespräch mit einem Schwerkranken zuzulassen, sei »schäbig, um nicht zu sagen sadistisch«. In ähnlicher Weise äußerte sich eine Stationsschwester und fragte Elisabeth, ob es ihr vielleicht ein Vergnügen bereite, einem Vierundzwanzigjährigen vor Fremden zu sagen, daß er nur noch zwei Wochen zu leben habe. Schließlich begegnete sie einem aufgeschlossenen Arzt, der sie zu einem älteren Patienten führte, der an ein Sauerstoffgerät angeschlossen war. Er freute sich über die Gelegenheit, sich aussprechen zu können, und bat Elisabeth, sich *jetzt gleich* zu ihm zu setzen. Das Interview sollte jedoch erst am folgenden Tag stattfinden, wie es mit den Theologiestudenten vereinbart war. Am nächsten Tag war der alte Herr bereits zu schwach, um zu sprechen, und konnte ihr lediglich für ihren guten Willen danken. Von diesem Patienten lernte Elisabeth Kübler-Ross eine der schmerzlichsten Lektionen: daß man einen Schwerkranken nie auf morgen vertrösten soll, denn dann kann es zu spät sein. Es fand sich ein anderer Patient, der ebenfalls bereit war, vor den Studenten mit Elisabeth Kübler-Ross zu sprechen.

Später traten andere Studenten mit derselben Bitte an sie heran, und so begannen die »Seminare über Tod und Sterben«, die nach zwei Jahren zu einer festen Einrichtung wurden. Sie liefen nach einem bewährten Muster ab: Zunächst besuchte E. Kübler-Ross allein oder in Begleitung eines Stationsarztes oder eines Geistlichen einen kritisch Erkrankten und erklärte ihr Vorhaben. Wenn der Patient an einem solchen Gespräch teilnehmen wollte, würde er abgeholt und in den Seminarraum gebracht werden. Mit seiner Erlaubnis würde sie das Gespräch auf Tonband aufnehmen. Wenn der Patient ermüdete oder zu erkennen gab, daß er das Gespräch abbrechen wollte, würde er sofort in sein Zimmer zurückgebracht werden. In fast allen Fällen stimmten die Patienten bereitwillig zu und freuten sich über die Gelegenheit, teilnahmsvollen Menschen von ihren Ängsten und Sorgen berichten zu können. Die Gespräche fanden in einem Raum statt, der mit einer Glaswand ausgestattet war, die nur von außen her durchsichtig war. So konnte der Patient sich in der Intimität eines kleinen Raumes mit der Ärztin unterhalten, ohne sich beobachtet zu fühlen. Die Patienten wußten, daß auf der anderen Seite der Glaswand die Teilnehmer des Seminars saßen, die sie sehen und das Gespräch verfolgen konnten, aber das störte sie nicht. Nie empfanden sie diese Befragung als peinlich oder indiskret, sondern reagierten mit Zustimmung und Erleichterung. Oft wurde ihnen durch das Gespräch eine Last von der Seele genommen, oder es konnte ihnen ein letzter Wunsch erfüllt werden.

Die Seminare fanden jeden Mittwoch um elf Uhr vormittags statt und zogen immer mehr Teilnehmer an. Aus vier Hörern wurden mit der Zeit fünfzig. Es kamen nicht nur Theologen, sondern auch Medizinstudenten, einzelne Ärzte, Seelsorger, Krankenschwestern, Fürsorger und andere Vertreter von sozialen Berufen. Manche Ärzte begrüßten die Seminare, vor allem die Krankenschwestern, die den unmittelbarsten Kontakt zu den Patienten hatten und die Mängel des Klinikbetriebs am besten kannten. Sie äußerten sich unbefangen über ihre eigene Unzufriedenheit mit der Krankenhausroutine, in der die menschliche Zuwendung zum Patienten zu kurz kam, und ihre eigenen Schwierigkeiten im Umgang mit Schwerkranken. Oft halfen sie Elisabeth Kübler-Ross, Patienten zu finden, von denen sie wußten, daß ein Gespräch ihnen guttun würde. Es kam auch vor, daß Patienten von sich aus um ein Gespräch baten. Sie hatten von anderen gehört, wie die Seminare abliefen, und erhofften sich Verständnis und Hilfe.

In diesen interdisziplinären Studienseminaren über Tod und Sterben gelang es einer Gruppe von Menschen – einer Ärztin, Studenten und Angehörigen verschiedener Berufe –, im Gespräch mit einem schwerkranken Patienten die Mauer des Schweigens, die den Tod selbst im Krankenhaus umgibt, zu durchbrechen. Die Beteiligten lernten, sich in das Leiden von Kranken im Endstadium besser einzufühlen, die symbolische Sprache zu verstehen, zu der Todkranke oft Zuflucht nehmen, wenn es ihnen schwergemacht wird, sich mitzuteilen. Die fünf Stadien des Sterbens, die Elisabeth Kübler-Ross schon als junge Landärztin in der Schweiz kennengelernt hatte, bestätigten sich auch hier. Auf die Phase des Nichtwahrhabenwollens folgt bei Menschen mit einer lebensbedrohenden Erkrankung in der Regel die Phase des Zorns. Dann »verhandelt« der Kranke um einen Aufschub, und wenn das nicht hilft, setzt die Trauer ein als Vorbereitung auf den nahen Tod, die in eine stille Ergebung münden kann. Der Kranke ist nun bereit für den Übergang. Die Gespräche halfen den Patienten, mit diesen Stadien besser zurechtzukommen.

Mindestens ebensoviel lernten die Teilnehmer der Seminare über sich selbst. Es war schwer für die Studenten, sich mit dem Tod als einer realen Möglichkeit auseinanderzusetzen, die nicht nur einen anderen betraf, sondern sie selbst. Manche ertrugen anfangs die Sitzungen nicht und mußten den Seminarraum verlassen. Andere identifizierten sich mit den Kranken, vor allem dann, wenn es sich um Gleichaltrige handelte, oder sie erlebten ihren eigenen Zorn, wenn sie den Eindruck hatten, der Kranke ergäbe sich allzu willig in sein Schicksal. Die Diskussionen entwickelten sich zu einer Art von Gruppentherapie für alle Beteiligten. Es gab keine Tabus. Sie redeten offen miteinander und wurden sich in einem allmählichen, schmerzhaften Prozeß ihrer eigenen verdrängten Ängste bewußt.

Für all diejenigen, die mit Kranken zu tun haben – Ärzte, Krankenschwestern, Seelsorger oder Sozialarbeiter –, stellt sich die schwierige Frage, ob man dem Kranken »die Wahrheit« mitteilen dürfe oder sie lieber verschweigen solle. Kübler-Ross hat nie daran gezweifelt, daß der Patient ein Recht hat, die Wahrheit über seine Krankheit zu erfahren. Zur Debatte steht lediglich, wie sie ihm vermittelt wird. Es braucht Einfühlungsvermögen, um zu wissen, was der Patient zu einem gegebenen Zeitpunkt verkraften kann. Auch eine schlechte Nachricht kann so ausgesprochen werden, daß Raum bleibt für Hoffnung. Einem Patienten, der die Wahrheit nicht verträgt, soll man sie nicht aufdrängen, aber alle seine Fragen sollten offen beantwortet werden. Ein Arzt oder Seelsorger, der seinem eigenen Tod ins Auge sehen kann, wird eher in der Lage sein, die richtige Form der Mitteilung zu finden. Je nachdem, wie die Umgebung mit dem Tod zurechtkommt, wird es dem Kranken erleichtert oder erschwert, darüber zu sprechen. Viele Kranke leiden jedoch unter dem Versteckspiel, das sie mitmachen, weil sie spüren, daß die anderen es brauchen.

»Wenn der Kranke merkt, daß Arzt oder Familie nicht imstande sind, darüber zu sprechen, wird er sein Wissen verschweigen, aber er ist dankbar, wenn sich jemand zu einem aufrichtigen Gespräch bereitfindet, ohne ihm gleichzeitig die Möglichkeit zu rauben, sich so lange gegen die Resignation zu stemmen, wie es für ihn notwendig ist.« [2]

Die Seminare waren so erfolgreich und bei Patienten und Hörern so beliebt, daß sie auch Teilnehmer aus anderen Bundesstaaten anzogen. Die Kollegen von der medizinischen Fakultät blieben mißtrauisch, aber die Effektivität der Seminare sprach sich herum. Vom Institut für Lutherische Theologie wurde Elisabeth Kübler-Ross ein Lehrstuhl für den Unterricht in praktischer Krankenhausseelsorge angeboten, und sie nahm an. Ihre Arbeitslast in diesen Jahren war erdrückend, aber für die Betreuung Sterbender, die Aufgabe, die ihr am meisten am Herzen lag, fand sie immer Zeit. Sie hatte bewegende Erlebnisse, etwa als eine krebskranke Frau, die beim Interview im Seminar die Sorge um ihre neun Kinder quälte, schließlich loslassen und in Frieden sterben konnte. Elisabeth hatte ihr versprochen, ihr in ihrer letzten Stunde beizustehen, und erfuhr, wie so viele Male, den Segen, der von einem Sterbebett ausgehen kann.

»Wer genug Kraft und Liebe empfindet, um bei dem Kranken zu sitzen, in dem Schweigen, das über Worte hinausgeht, weiß, daß der Augenblick nicht peinlich oder erschreckend ist, sondern einfach ein friedliches Aufhören der körperlichen Funktionen. Der Anblick eines friedlich sterbenden Menschen erinnert an einen fallenden Stern, an einen unter Millionen Lichtern in einem weiten Himmel; er flackert auf und verschwindet für immer in der endlosen Nacht. Der Therapeut eines sterbenden Patienten wird sich bewußt, wie einmalig jedes Individuum im weiten Meer der Menschheit ist.« [3]

Im Jahr 1969 wurde Elisabeth gebeten, einen kurzen Artikel über den Zweck der Seminare über Tod und Sterben für eine theologische Zeitschrift zu verfassen. Sie brachte einige Absätze in ihrem noch mangelhaften Englisch zu Papier, die abgedruckt wurden. Kurz darauf trat der Lektor eines angesehenen New Yorker Verlags, der den Artikel gelesen hatte, an sie heran und beauftragte sie, ein Buch über ihre Arbeit zu schreiben. Sie hatte kaum Zeit dafür, denn jede Minute ihres langen Arbeitstages war ausgefüllt. So mußte die Nacht herhalten, und in den Stunden zwischen Mitternacht und drei Uhr morgens schrieb sie innerhalb von nur drei Monaten ihr erstes Buch *On Death and Dying*, in deutscher Übersetzung *Interviews mit Sterbenden*.

Die Gestaltung ergab sich fast von selbst. Nach einleitenden Kapiteln über die allgemeine Angst vor dem Tod und die Verhaltensweisen gegenüber Tod und Sterben ging sie ausführlich auf die fünf Stadien des Sterbens ein.

Nicht jeder Mensch durchläuft diese Phasen in gleicher Weise, und nicht jeder macht alle durch. In seltenen Fällen hält ein Patient bis zuletzt an der Phase des Nichtwahrhabenwollens fest. In anderen Fällen überlagern sich die einzelnen Stadien. Ein Patient, der sich im Grunde schon durchgerungen hat, sein Sterben anzunehmen, kann vorübergehend in die früheren Phasen des Zorns oder des Verhandelns zurückfallen. Auch Familienmitglieder und Nahestehende können diese Phasen mitvollziehen. Auch sie brauchen Hilfe und müssen in die Betreuung Schwerkranker mit einbezogen werden.

Elisabeth konnte auf die Tonbänder ihrer Gespräche mit Schwerkranken zurückgreifen, und so entstand ein neuartiges und bewegendes Zeugnis der menschlichen Grenzsituation des Sterbens. Noch nie hatten Patienten in der Endphase ihrer Krankheit sich öffentlich so rückhaltlos über ihr Befinden ausgesprochen. Noch nie waren Menschen, die von der Gesellschaft und oft auch vom Klinikpersonal »abgeschrieben« waren, durch ihre Offenheit und ihren Mut zu »Lehrern« der Gesunden geworden. Zum ersten Mal bekamen Medizinstudenten die Gelegenheit, sich mit dem Sterben auseinanderzusetzen und dem Tabu des Todes in sich selbst auf den Grund zu gehen. Sie lernten, einen Kranken im Endstadium nicht als einen Menschen zu betrachten, dem nicht mehr zu helfen ist, sondern der aufgrund seiner existentiellen Situation »Farbe bekennt«. Er will vor dem Ende des Lebens mit sich ins reine kommen. Er will unerledigte Dinge in Ordnung bringen, sein Haus bestellen und sich mit nahestehenden Menschen vor seinem Tod versöhnen. Jede Hilfe, die ihm diese Dinge erleichtert, wird dankbar angenommen.

Allen Patienten war es ein Anliegen, ihre Würde zu bewahren und von Ärzten und Krankenschwestern ernst genommen zu werden. Sie lehrten in diesen Interviews, welches Verständnis und welches Eingehen auf seine Bedürfnisse ein Schwerkranker braucht.

Das Buch gibt Auskunft über die Reaktionen auf das Seminar:

»Etwa neun von zehn Ärzten reagierten mit Unbehagen, Verärgerung, offener und versteckter Feindseligkeit, wenn wir sie um die Erlaubnis zum Gespräch mit einem ihrer Kranken baten.« [4]

Dafür gab es verschiedene Gründe. Manche wollten nicht zugeben, daß es auf ihrer Station überhaupt Kranke im Endstadium gab. Andere sahen in der Bitte um ein Gespräch mit einem Sterbenden einen versteckten Vorwurf, daß sie selbst etwas versäumt hätten. Lediglich zwei Gruppen von Ärzten reagierten positiv. Das waren einerseits die jungen, die erst seit kurzem im Beruf standen oder selbst ein Seminar miterlebt hatten, und andererseits diejenigen unter den älteren Ärzten, die noch in einer humanitären Medizin ausgebildet worden waren. Diese Ärzte hatten gelernt, mit Tod und Sterben menschlich umzugehen, und konnten ihren Patienten die Wahrheit sagen, ohne ihnen zugleich die Hoffnung zu nehmen. Auch unter den Kranken gibt es häufig Unterschiede:

»Einfache Menschen mit geringer Bildung, geringeren geistigen Ansprüchen und wenig gesellschaftlichen Kontakten scheinen allgemein nicht so große Schwierigkeiten in der Überwindung der letzten Lebensphasen zu haben wie wohlhabende Leute, die materiellen Wohlstand und eine ganze Reihe gesellschaftlicher Beziehungen aufgeben müssen. Offenbar sind diejenigen, die Mühe und harte Arbeit kennen, die ihre Kinder aufgezogen und Befriedigung

in ihrer Tätigkeit gefunden haben, eher imstande, dem Tod mit Würde und Fassung entgegenzutreten, als diejenigen, die gewohnt waren, ihre Umgebung zu beherrschen, denen es nicht an gesellschaftlichen Kontakten, aber an sinnvollen menschlichen Beziehungen für die Zeit des letzten Leidens fehlt.« [5]

Die Vorbereitung auf den Tod ist die Zeit, in der sich nur ein echter religiöser Glaube bewährt. Solche Menschen haben es im allgemeinen leichter, sich mit dem Tod abzufinden. Es gibt in den aufgezeichneten Interviews Zeugnisse eines solchen Glaubens, aber sie sind selten.

»Immerhin läßt sich behaupten, daß wir nur auf sehr wenige überzeugte Gläubige gestoßen sind. Diesen wenigen allerdings hat ihr Glaube geholfen … Die meisten Patienten … bekundeten einen Glauben, der in Konflikten oder Ängsten nicht zu wahrer innerer Erlösung ausreichte.« [6]

Eine der wichtigsten Lehren aus den Interviews ist die, daß nur derjenige Sterbenden Hilfe geben kann, der selbst die Angst vor dem Tod ein Stück weit überwunden hat.

»Wir haben unsere eigene Auffassung von Sterben und Tod gründlich zu überprüfen, bevor wir uns gelassen und ohne eigene Angst zum Patienten setzen können.« [7]

Nicht immer sind Worte nötig oder hilfreich. Gerade in der letzten Zeit, wenn der Sterbende innerlich seine Zustimmung zu dem Geschehen erteilt hat und sich vom Leben abzulösen beginnt, ist schweigende Anwesenheit oft eine größere Hilfe.

Im Herbst 1969 erschien *On Death and Dying* und wurde sofort zu einem Bestseller. Noch zehn Jahre später stand das Buch in den USA auf den Bestsellerlisten für Sachbücher. Der entscheidende Anstoß zu diesem Durchbruch kam von einer unerwarteten Seite. Ein Redakteur des *Life*-Magazins war auf Elisabeths Artikel in der theologischen Zeitschrift aufmerksam geworden und fragte an, ob er mit einem Fotografen zu einem ihrer Seminare kommen dürfe. Elisabeth willigte ein. Sie wählte einen älteren Patienten für das Interview aus, den sie schon eine längere Zeit betreut hatte und der sich mit der Anwesenheit eines Reporters und eines Fotografen einverstanden erklärte. Doch an dem Morgen, als das Seminar stattfinden sollte, wurde ihr von der Oberschwester mitgeteilt, daß der Patient in der Nacht verstorben war. Es blieben ihr nur wenige Minuten, um einen Ersatzpatienten zu finden. Auf der Krebsstation der Klinik traf sie ein junges Mädchen, das an akuter Leukämie litt. Susanne war einundzwanzig Jahre alt. Sie machte sich keine Illusionen über ihren kritischen Zustand und war bereit, vor dem Reporter über ihre Krankheit zu sprechen. Als sie den Seminarraum betrat, erklärte sie überraschend: »Ich weiß, meine Chancen sind eins zu einer Million. Heute möchte ich nur über diese eine Chance reden.« In ihrem Buch *Reif werden zum Tode* berichtet Elisabeth von diesem Gespräch: wie das schöne junge Mädchen sich eine Zukunft ausmalte und dennoch wußte, daß es sie nie erleben würde. In der Biographie von Derek Gill (in der die Patientin Eva heißt) wird berichtet, wie ihre Äußerungen zwischen Hoffnung und Verzweiflung schwankten. Sie sprach von dem Freund, den sie im nächsten Jahr geheiratet hätte, von ihrem Glauben an Gott, der ihr manchmal zerbrach, und daß sie gerne von einem Mensch hören würde, der wie sie keine Chance hatte und trotzdem überlebte.

Die Fotos von dem jungen Mädchen und ihre Aussagen gingen um die Welt und machten den Namen von Elisabeth Kübler-Ross mit einem Schlag bekannt. Elisabeth hatte befürchtet, daß die Publicity sich schädlich auf Susanne auswirken könnte, aber das Gegenteil war der Fall. Das junge Mädchen empfand Befriedigung, daß ihre Geschichte so viele Menschen erreicht hatte. Für Elisabeth Kübler-Ross hatte das Interview gravierende Folgen. Ihre Kollegen schnitten sie und boykottierten das Seminar. Von den Professoren kam die Anweisung, daß keine sterbenden oder schwerkranken Patienten mehr von der Station geholt werden durften, um an einem Interview teilzunehmen. Auch die Schwestern und Klinikärzte, die vorher kooperativ gewesen waren, durften Elisabeth nun keine Patienten mehr zur Verfügung stellen. Die Seminare mußten abgebrochen werden.

Es wurde einsam um die Ärztin, die es gewagt hatte, das Tabu des Todes zu brechen. Ein Abschnitt ihrer Laufbahn ging zu Ende. Wie öfters in ihrem Leben träumte sie davon, sich in ein Haus auf dem Land zurückzuziehen, wo sie mit ihrer Familie leben und Obst und Gemüse züchten wollte. Sie würde wieder Landärztin sein und damit den Beruf ausüben, den sie in der Schweiz so geliebt hatte. Aber es kam anders.

Eine Flut von Briefen, ausgelöst von dem Artikel im *Life*-Magazin, brach über sie herein. Kranke und Sterbende aus allen Teilen der Vereinigten Staaten waren berührt von Susannes Schicksal und dankten Elisabeth Kübler-Ross, daß sie die Dinge zur Sprache gebracht hatte, die sie alle bewegten. Den Briefen folgten Einladungen zu Vorträgen und Seminaren von medizinischen Hochschulen, Berufsverbänden, Kirchen, zuerst aus Nordamerika, dann auch aus Europa, Südamerika, Australien, Japan und Korea. Rückblickend schreibt Elisabeth Kübler-Ross:

»Nach Susannes Tod am 1. Januar 1970 schien die Welt verändert. Ich bin nicht sicher, ob es ihr unpersönlicher, einsamer Tod auf der Intensivstation war oder die seelische Verlassenheit ihrer Eltern im Wartezimmer in jener Nacht, die uns alle aufrührte. Ich faßte den Entschluß, über den Tod und das Sterben zu reden, damit wir einige der Einstellungen verändern könnten, die in dieser den Tod verleugnenden Gesellschaft vorherrschen.« [8]

Damit begann ihre weltweite Tätigkeit als Vortragsreisende und Leiterin von Seminaren und Workshops. Sie betreute Sterbende und lehrte die Lebenden, einfühlsamer mit Schwerkranken umzugehen. Sie machte ihnen Mut, sich ihrer eigenen Angst vor dem Tod zu stellen.

In den zehn Jahren nach ihrer ersten Vorlesung über Tod und Sterben an der University of Colorado war sie fast pausenlos unterwegs und sammelte Erfahrungen in Tausenden von Gesprächen. Es waren Jahre rastloser, erschöpfender Arbeit, aber auch einer tiefen inneren Erfüllung. Jahrelang hatte sie um ihre Bestimmung gerungen, in den ersten Träumen als Kind von ihrem künftigen Beruf, als junges Mädchen, als sie auszog, um in den kriegszerstörten Ländern Europas die Not der Bevölkerung zu lindern, in ihren Anfängen als Ärztin in den Vereinigten Staaten, in ihrer jahrelangen Psychoanalyse. Jetzt hatte sie ihre Bestimmung gefunden.

»Bald werde ich meine Reisen beenden. Ich habe getan, was mir zu tun bestimmt war. Ich habe als Katalysator fungieren können und den Versuch gemacht, in unser Bewußtsein zu heben, daß wir nur dann wirklich leben und das Leben lieben und verstehen können, wenn uns jederzeit deutlich ist, daß wir endliche Wesen sind. Ich brauche nicht zu betonen, daß ich diese Lektionen von meinen sterbenden Patienten gelernt habe, die in ihrem Leiden und Sterben realisierten, daß wir nur das Jetzt haben: ›So koste es ganz aus und finde heraus, was dich bewegt, denn kein anderer kann das für dich tun.‹« [9]

2. Stationen ihres Lebens

Menschen sind wie bunte Glasfenster.
Ihre wahre Schönheit tritt erst hervor,
wenn sie von innen erleuchtet werden.
Je dunkler die Nacht,
desto heller strahlen die Fenster.

Elisabeth Kübler-Ross

Von ihrer Kindheit und Jugend in der Schweiz führte ein weiter Weg zu der Pionierarbeit, die Elisabeth Kübler-Ross in Amerika und in der ganzen Welt berühmt machte. Das war dem kleinen Häufchen, das mit knapp zwei Pfund Geburtsgewicht wenige Minuten vor ihren Drillingsschwestern am 8. Juli 1926 in Zürich das Licht der Welt erblickte, nicht an der Wiege gesungen worden. Daß sie ein Drilling war, prägte ihr Leben bis in ihr Erwachsenenalter. Zwei der Kübler-Schwestern, Elisabeth und Erika, waren eineiige Zwillinge. Elisabeth litt darunter, daß sie viele Jahre mit ihrer Schwester verwechselt wurde und keine eigene Identität besaß. Die Kinder wurden in dieselben Kleider gesteckt, bekamen dasselbe Spielzeug und dieselben geschnitzten Wiegen. Sie wurden zur selben Zeit gefüttert, auf den Topf gesetzt und zu Bett gebracht. Der Vater Ernst Kübler, ein Zürcher Geschäftsmann, fotografierte die Drillinge gern in identischen Posen, etwa wie sie auf ihren Nachttöpfchen thronten, und zeigte die Fotos stolz in seinem Bekanntenkreis herum. Die Küblers hatten sich eine Tochter gewünscht, denn einen Sohn hatten sie bereits. Daß ihnen statt dem einen Wunschkind gleich drei beschert wurden, waren im Grunde zwei zuviel. Wer weiß, ob Elisabeth und Erika überlebt hätten, wenn Emma Kübler ihre Neugeborenen nicht resolut mit nach Hause genommen und monatelang rund um die Uhr gestillt hätte. Die erste Runde war gewonnen.

Von Anfang an war Elisabeth die aktivste und unabhängigste der Schwestern. Bereits mit fünf Jahren stellte sie ihren Abenteurergeist unter Beweis, als sie von zu Hause ausriß und mit dem Zug nach Zürich fuhr, wo es im Zoo echte Afrikaner zu bestaunen gab. Die Familie lebte damals in Meilen, einem Dorf in der Nähe von Zürich. In der friedlichen Dorfgemeinschaft, umgeben von Wiesen und Feldern, in der Nähe des Waldes und der schneebedeckten Berge, wuchsen die Kübler-Schwestern auf.

Sie feierten die ländlichen Bräuche und jahreszeitlichen Feste, und wenn der Winter zu Ende ging, wurden die kleinen Mädchen für das traditionelle »Sechseläuten« mit Biedermeierkleidchen und niedlichen Hüten ausstaffiert, um den Frühling zu begrüßen. Elisabeth erinnert sich mit Dankbarkeit und Liebe an ihr Elternhaus und ihre behütete Kindheit. Man wird sagen dürfen, daß der Grund für die Kraft und Energie, mit der sie die Herausforderungen ihres Lebens meisterte, in dieser Kindheit gelegt wurde, in dem stabilen Elternhaus voller Leben und Fröhlichkeit, in der Obhut einer Mutter und eines Vaters, die sich in ihrem Wesen prächtig ergänzten. Frau Kübler war die fürsorgliche Schweizer Hausfrau, gütig und um Harmonie bemüht, Herr Kübler die Respektsperson. Ohne Zweifel war Vater Kübler ein Patriarch, und sein Wort galt dem ganzen Haushalt, einschließlich seiner Frau, als Befehl. Auseinandersetzungen mit Elisabeth, dem eigenwilligsten seiner Kinder, waren von Anfang an programmiert. Aber es gab Entschädigungen. Ernst Kübler liebte seine Familie, er konnte jovial und großzügig sein, er war von Natur aus gesellig und ein glänzender Gastgeber. Er musizierte und sang gerne, vor allem aber war er ein begeisterter Sportler und Naturfreund. Es war, als ob dieser bullige Mann in ein anderes Wesen schlüpfte, wenn er in den Bergen war. Da wurde er demütig, da wurde er zum stillen, ausdauernden Wanderer und geduldigen Lehrer, der Freude daran hatte, seinen Kindern die Schönheiten der Bergwelt mit ihrer Fauna und Flora zu zeigen.

Auf diesen langen Wanderungen fühlte Elisabeth sich ihrem Vater tief verbunden. Eva stand der Mutter näher; Erika, die von Kindheit an Zarte, war der Liebling des Vaters, so daß Elisabeth weniger elterliche Zärtlichkeit bekam als ihre Schwestern. Das machte sie einsam im Kreis der Familie, gewiß selbständiger, vielleicht auch rebellischer. Aber wenn sie mit ihrem Vater in die Berge ging, wenn sie einen ganzen Tag schweigend neben ihm hermarschierte, fühlte sie sich in seiner Kraft geborgen. Nur sie konnte so unermüdlich wandern und sich der Natur so hingeben wie er. Das »Meisli«, wie er sie mit einem Kosenamen nannte, war Holz von seinem Stamm.

Als Kind war Elisabeth dafür bekannt, daß sie sich allen hilfsbedürftigen Wesen zuwandte. Man nannte sie deshalb scherzhaft einen »Pestalozzi«. Im Keller des geräumigen Elternhauses unterhielt sie ein Tierspital, wo sie verletzte Tiere pflegte, die sie gefunden oder die man ihr gebracht hatte. Sie zog Kaninchen auf, und ihr Schmerz war groß, als sie auf Befehl des Vaters eines nach dem anderen zum Schlachten bringen mußte. Zuletzt bieb ihr nur noch das »Negerli«, ihr besonderer Liebling. Auch diesem war es bestimmt, als Braten auf dem Sonntagstisch der Familie Kübler zu landen. Sie brachte keinen Bissen herunter und verzieh dem Vater diese Roheit nie.

31

Ihre Hilfsbereitschaft wandte sich auch Menschen zu. So verkleidete sie sich einmal als Nikolaus und brachte einer verarmten Bauernfamilie einen großen Sack voll dringend benötigter Gaben. Sie ging damals noch zur Schule, und es scheint, daß sie ihr nicht viel abgewinnen konnte. Ihr kritisches Verhältnis zur Kirche erwachte früh. Einmal veranlaßte sie ihr leidenschaftlicher Gerechtigkeitssinn, gegen den gewalttätigen Pfarrer zu rebellieren, der den Religionsunterricht erteilte und berüchtigt war wegen seiner willkürlichen Züchtigungen. Sie warf ihm ihr Gebetbuch an den Kopf, sagte ihm temperamentvoll ihre Meinung und verließ unter Protest die Klasse. Ihr mutiger Aufstand verursachte einen regelrechten Schulskandal, der damit endete, daß Elisabeth und ihre Schwestern vom Religionsunterricht befreit wurden. Erika und Eva erhielten von da an Unterricht bei einem bekannten Zürcher Theologen. Elisabeth schloß sich ihnen nicht an, ließ sich durch den gütigen Zuspruch des Lehrers ihrer Schwestern jedoch bewegen, zur Konfirmation zu gehen. Die Drillinge erhielten als Konfirmationsspruch denselben Vers aus dem 1. Korintherbrief, mit einer besonderen Botschaft für jede von ihnen: »Nun aber bleiben Glaube, Hoffnung, Liebe, diese drei; aber die Liebe ist die größte unter ihnen.« Elisabeth wurde das Wort »Liebe« zugeteilt. Sie ahnte noch nicht, wie radikal die Liebe einmal ihr Leben bestimmen, wie gründlich sie um der Liebe willen mit altgewohnten Denkweisen aufräumen würde.

Als der Krieg ausbrach, war sie noch ein Kind. Erschüttert hörte sie vom Einmarsch Hitlers in Polen. Sie legte spontan einen Eid ab, daß sie dem polnischen Volk zu Hilfe eilen würde, sobald die Grenzen der Schweiz wieder offen wären. Auch die neutrale Schweiz spürte den Krieg, als die ersten

Flüchtlinge ins Land strömten und auch auf dieser Insel des Friedens die Nahrungsmittel knapp wurden, weil junge Landarbeiter zum Militärdienst an der Grenze eingezogen waren. Herr Kübler und der Sohn Ernst meldeten sich als freiwillige Wachsoldaten an der nördlichen Grenze, und Elisabeth arbeitete als Erntehelferin.

Im Kriegssommer 1942, als die Schwestern sechzehn Jahre alt wurden, sollten sie sich für ihre berufliche Laufbahn entscheiden. Besser gesagt, Vater Kübler entschied für sie. Elisabeth hatte von Kind auf den Wunsch gehegt, Ärztin zu werden, aber davon wollte ihr Vater nichts wissen. Er hatte vorgesehen, daß sie in sein Geschäft eintreten sollte. Sie hatte einen guten mathematischen Kopf, und die Disziplin unter seiner Aufsicht würde ihr widerspenstiges Wesen zähmen. Vater und Tochter prallten vehement aufeinander, aber Elisabeth fügte sich nicht. Lieber wollte sie sich als Dienstmädchen verdingen, als in das väterliche Geschäft einzutreten. Der aufgebrachte Vater nahm sie beim Wort. Sie mußte sich eine Stelle als Haushaltshilfe in der französischen Schweiz suchen, wie es für junge Mädchen nicht unüblich war. Als sie mit ihrem Koffer aufbrach, um ihre erste Stelle anzutreten, war ihre Kindheit mit ihren »federleichten Leiden und Freuden« endgültig vorbei.

Von einer herzlosen Brotgeberin wurde sie grausam ausgenützt und gedemütigt. Als sie sogar vom Weihnachtsfest ausgeschlossen werden sollte, lief sie davon und fuhr nach Hause zurück. Sie hatte schon einen festen Plan, was sie anfangen wollte. Sie bewarb sich um eine Lehrstelle in einem Laboratorium, um sich zunächst als Laborantin auszubilden. Nebenbei wollte sie die Matura nachholen und sich später ihr Medizinstudium selbst verdienen. Mit

Energie und Zähigkeit setzte sie ihren Plan ins Werk. Sie verbrachte neun Monate in einem Laboratorium für biochemische Forschung, wechselte dann in die Abteilung für Dermatologie des Kantonspitals und erwies sich mit ihren siebzehn Jahren als außerordentlich tüchtig. Klein und knabenhaft schlank, wie sie war, hätte man sie für ein Schulkind halten können, aber sie war stark, ein wahres Bündel von Energie. Während sie den Patienten Blut abnahm, erfuhr sie viel von deren Leben und Leidensgeschichten. Sie lernte früh, daß einer medizinischen Behandlung ohne menschliche Zuwendung das Wesentliche fehlt. In der Mittagspause besuchte sie die Kinderstation, wo sie sich gewöhnlich an das Bett eines Kindes setzte, das weinte oder die meisten Verbände trug. Sie liebte Kinder und hatte einen natürlichen Zugang zu ihnen.

Die erste wirkliche Bewährungsprobe kam, als nach dem 6. Juni 1944, dem Tag, an dem die alliierten Truppen in der Normandie landeten, ein Strom von Flüchtlingen sich in die Schweiz ergoß. Es waren entkräftete Menschen, die zum Teil wochenlang auf der Flucht gewesen waren, Alte, Frauen und Kinder, die oft nichts besaßen als die zerlumpten und verlausten Kleider auf ihrem Leib. Hunger, Erschöpfung und Leid waren ihnen ins Gesicht geschrieben. Sie wurden zur Entlausung in die Abteilung für Dermatologie gebracht, und Elisabeth organisierte die Aktion anstelle einer völlig überforderten älterer Kollegin. Ihr großes Organisiationstalent und ihre Französischkenntnisse kamen ihr zustatten. Sie desinfizierte die Kleidung der Flüchtlinge, versorgte deren Hautkrankheiten und Wunden und sprach ihnen Trost zu. Sie wurde, wie sie selbst sagte, »die beste Entlauserin der Welt«. Als die Vorräte für die Flüchtlinge ausgingen, bettelte sie Spenden zusammen, beschaffte Kleider, Nahrungsmittel, Babyflaschen und Windeln. Drei Wochen arbeitete sie bis zur Erschöpfung.

Dann erlitt sie an ihrem Arbeitsplatz einen Unfall durch eine Gasexplosion. Sie konnte ihre Augen schützen, aber die Hände waren mit schweren Brandwunden bedeckt. Man sagte ihr, daß ihre Hände nie wieder voll gebrauchsfähig sein würden. Mit dieser Prognose wollte sie sich nicht abfinden, und wie in so vielen Notlagen ihres Lebens wurde ihr geholfen. Ein befreundeter Kollege bastelte ihr ein Übungsgerät zusammen, und mit ihrem zähen Willen schaffte sie es schließlich. Sie übte so lange, bis sie ihre Hände wieder voll bewegen konnte. Sie brauchte sie dringend für die nächste große Aufgabe, die auf sie wartete.

Es war Januar 1945. Auf der Fürlegi-Berghütte, die Herr Kübler als Hüttenwart bewirtschaftete, lernte Elisabeth Mitglieder des Internationalen Friedensdienstes kennen. Sie war tief beeindruckt von diesen Menschen, die in kriegszerstörte Länder gingen, um den Notleidenden zu helfen. Sie entschloß sich spontan, der Organisation beizutreten. Als der Krieg am 8. Mai 1945 zu Ende war, wurde sie vom Friedensdienst gerufen, beim Wiederaufbau von Ecurcey zu helfen, einem von deutschen Truppen verwüsteten französischen Dorf an der östlichen Grenze zur Schweiz. Sie wurde als Köchin eingesetzt und mußte zusehen, wie sie in dem ausgeplünderten Land zu Lebensmitteln für die mageren Eintöpfe kam, die sie in ihrer improvisierten Feldküche zubereitete. Daneben arbeitete sie auf den Baustellen mit, stand in der Maurerkette, reichte Ziegel weiter und deckte Dächer mit Schindeln und Stroh. Als sie erfuhr, daß deutsche Kriegsgefangene als lebende Minendetektoren verwendet wurden, setzte sie sich dafür ein, daß diese unmenschliche Praxis eingestellt wurde. Der Haß der Bevölkerung auf die Deutschen war groß. Elisabeth hatte Mitleid mit den in einem Schulkeller zusammengepferchten Gefangenen. Sie schlich sich nachts an das Kellerfenster und steckte ihnen zu, was sie auftreiben konnte: Kerzen, ein Stück Seife, Toilettenpapier. Vor ihrer Rückreise in die Schweiz schmuggelte sie Papier und Bleistifte in den Keller, damit die Gefangenen Botschaften an ihre Familien schicken konnten. Ein dankbarer Gefangener adressierte einen Zettel an die »kleine Köchin«:

»Sie haben uns den größten Dienst der Menschlichkeit erwiesen. Ich schreibe an Sie, weil ich keine eigene Familie habe. Ich möchte Ihnen sagen, daß wir Sie nie vergessen werden, ob wir überleben oder ob wir hier sterben. Bitte, nehmen Sie aus tiefstem Herzen unseren Dank und unsere Liebe von Mensch zu Mensch entgegen.« [1]

Elisabeth kehrte nach Zürich zurück und beendete ihre Ausbildung als Laborantin. Im Frühjahr 1946 trat sie eine Stelle im Labor der Augenklinik der Universität Zürich unter dem bedeutenden Ophthalmologen Marc Amsler an. Professor Amsler, ihr geliebter Freund und Mentor, betraute sie bald mit so verantwortungsvollen Aufgaben wie den komplizierten Untersuchungen, die darüber entschieden, ob das Auge eines Patienten amputiert werden mußte oder nicht. In der Dunkelkammer saßen ihr Menschen gegenüber, die um ihr Augenlicht bangten und des menschlichen Beistands bedurften. Elisabeth widmete sich ihnen und erlernte die schwierige Kunst, einem Patienten eine schlechte Nachricht der Wahrheit entsprechend, aber mit menschlicher Anteilnahme zu vermitteln.

Professor Amsler war mit seiner Assistentin überaus zufrieden. Ihr wurde sogar die große Ehre zuteil, ihm bei einer Operation assistieren zu dürfen. Ihr Arbeitstag war hart, die Bezahlung gering, aber ihre Tätigkeit, ihr enger Kontakt zu den Patienten und die herzliche Beziehung zu Professor Amsler machten sie glücklich. Sie war auf dem richtigen Weg.

Schon im nächsten Frühjahr folgte sie wieder einem Ruf des Friedensdienstes, diesmal nach Belgien in ein Bergarbeiterdorf in der Nähe von Mons. Elisabeth fand ein unbeschreibliches Elend vor. Der allgegenwärtige Kohlenstaub begrub das Leben förmlich unter sich. Er verpestete die Luft, verseuchte die Lungen der Arbeiter, machte die Kinder krank und lastete als schwarzer, schmieriger Dreck auf allen Dingen. Zweimal innerhalb einer Generation war der Krieg über das Zechendorf hinweggegangen. Elisabeth arbeitete wieder als Köchin und half bei der Errichtung eines Spielplatzes auf dem Gipfel einer riesigen Abraumhalde, so daß die Kinder wenigstens einige Stunden am Tag in reinerer Luft atmen konnten.

In all den Jahren seit Ausbruch des Krieges hatte der Gedanke an Polen sie nicht losgelassen. Sie wartete nur auf die Gelegenheit, nach Polen gerufen zu werden, um zu helfen. Endlich war es soweit. Über den Umweg nach Schweden kam sie im Sommer 1947 durch Vermittlung amerikanischer Quäker nach Polen. In Lucima, einem Dorf in der Nähe der Stadt Lublin an der russischen Grenze, sollte eine neue Schule errichtet werden. Elisabeth kochte für das Lager von fünfundvierzig Helfern aus fünfzehn Nationen, beteiligte sich wie immer an den Bauarbeiten, wusch Wäsche im Fluß, improvisierte mit zwei jungen Polinnen eine Krankenstation und lernte Polnisch. Sie hatten fast nichts, kaum Medikamente und keinen richtigen Arzt, aber das Vertrauen der Bevölkerung zu den »Doktorinnen« war grenzenlos. Aus der ganzen Umgebung kamen die Kranken und nahmen oft Tagesmärsche auf sich, um sich von den jungen Frauen verarzten zu lassen. Sie waren mit allem zufrieden, ließen schmerzhafte Behandlungen ohne Betäubungsmittel über sich ergehen und ertrugen standhaft alle Leiden. Elisabeth bewunderte und liebte diese einfachen, gläubigen Menschen. Oft konnten die jungen Frauen weiter nichts tun, als den Patienten ihr eigenes Blut spritzen – mit erstaunlichem Erfolg. Hatte ihr Glaube ihnen geholfen? Daß der Glaube Wunder wirken kann, erfuhr Elisabeth auf eindringliche Weise in einem besonderen Fall.

Sie schlief, wenn es anging, unter freiem Himmel, und wachte eines Nachts vom Weinen eines Kindes auf. Eine Mutter saß zu ihren Füßen und hielt ein krankes Kind im Arm. Sie war drei Tage und zwei Nächte mit ihrem dreijährigen Sohn gewandert, um die »Doktorinnen« um Hilfe zu bitten. Elisabeth erkannte sofort, daß das Kind Typhus hatte, aber was konnte sie tun? Die verzweifelte Frau beschwor sie:

»Frau Doktor, Sie werden das Leben meines Sohnes retten, weil er das letzte meiner dreizehn Kinder ist. Janek ist der einzige, der die Gaskammern von Majdanek überlebt hat.« [2]

Elisabeth hatte keine Medikamente, aber sie konnte das Vertrauen der Mutter nicht enttäuschen. Sie machte sich mit der Frau und dem kranken Kind sofort auf den Weg nach Lublin ins Krankenhaus. Sie wanderten dreißig Kilometer und trugen Janek abwechselnd auf den Armen. Aber als sie gegen Mittag ihr Ziel erreichten, wollten die Ärzte das schwerkranke Kind nicht in das überfüllte Krankenhaus aufnehmen. Elisabeth ließ sich nicht abweisen. Sie rang mit dem Arzt, sie flehte und drohte, bis der Arzt einwilligte, das Kind zu behalten. Die Mutter übergab ihm Janek mit blindem Vertrauen, und nach drei Wochen konnte sie ihn abholen. Er war durchgekommen. Die dankbare Mutter war eine arme Frau, aber das Geschenk, das sie Elisabeth machte, rührte sie tief: auf einen Zettel gekritzelte Dankesworte, eingeknüpft in ein Taschentuch mit geweihter Erde.

Bevor sie im Herbst die Heimreise antrat, war es Elisabeth ein Bedürfnis, das ehemalige KZ von Majdanek zu besuchen. Sie wollte mehr erfahren über diesen Ort des Grauens, wo die Mutter des geretteten Janek zwölf ihrer dreizehn Kinder verloren hatte. Sie war erschüttert von der Trostlosigkeit des Lagers, sie sah die Berge von Kinderschuhen und menschlichem Haar, aber sie sah noch etwas anderes: in die Bretterwände der Baracken eingeritzte Schmetterlinge.

»In den letzten Tagen, vielleicht in den letzten Stunden vor ihrem Tod in den Gaskammern hatten diese todgeweihten Männer, Frauen und Kinder eine letzte Botschaft hinterlassen – keine Botschaft der Verzweiflung, sondern der Hoffnung, nicht des Schmerzes, sondern der Verheißung von Freiheit.« [3]

Die Schmetterlinge von Majdanek wurden in Elisabeths Leben und ihrem Wirken als Ärztin zu einem Leitmotiv. Sie waren ein Symbol der befreiten Seele, die den Kokon ihrer sterblichen Hülle abwirft und in einem neuen Dasein ihre Flügel entfaltet. Die Schmetterlinge und die Begegnung mit dem Mädchen Golda waren die beiden unvergeßlichen Erlebnisse von Majdanek. Goldas gesamte Familie war in den Gaskammern ermordet worden, nur sie selbst war durch einen Zufall verschont geblieben. Sie beschloß, in einem deutschen Krankenhaus zu arbeiten und kriegsgeschädigte deutsche Kinder zu pflegen, um sich selbst vor Haß und Bitterkeit zu bewahren. Gegen das Böse, so erkannte das jüdische Mädchen, hilft nur die Liebe.

Die Geschichte von Elisabeths abenteuerlicher Heimkehr in die Schweiz ist ein wahres Epos. Sie reiste durch gefährliches Grenzgebiet, wurde von Zigeunern mitgenommen, ein britischer Offizier schleuste sie in einer zugenagelten Kiste durch den Berliner Korridor, sie ging zu Fuß weiter, erkrankte an Typhus und lag bewußtlos in einem Wald bei Frankfurt, wo eine alte Frau sie fand. Als sie in ein Krankenhaus gebracht wurde, hing ihr Leben an einem Faden. Schließlich erholte sie sich soweit, daß sie ihre Reise fortsetzen konnte. In den wenigen Monaten seit ihrem Aufbuch aus der Schweiz hatte sie so viel Aufwühlendes erlebt, daß ihr die Heimat fast unwirklich vorkam, ein Märchenland des Wohlstands und der Geborgenheit.

Sie nahm ihre Tätigkeit an der Augenklinik wieder auf und arbeitete auf ihr großes Ziel, das Medizinstudium, hin. Sie mußte sich das Studiengeld verdienen und außerdem für ein Zimmer aufkommen, denn der Vater hatte sie aus dem Elternhaus geworfen. Sie war wieder einmal ungehorsam gewesen und hatte gegen sein Verbot, hinter den Eisernen Vorhang zu reisen, im Auftrag des Friedensdienstes zwei Kinder im Zug nach Warschau begleitet und dort ihren Eltern übergeben.

Es brachen harte Jahre für sie an. Die erste Hürde war die Matura, die sie in ungewöhnlich kurzer Zeit bestand. Endlich konnte sie sich als Studentin der Medizin an der Hochschule immatrikulieren und hatte das Glück, daß zu ihrer Zeit eine Reihe hervorragender Professoren, darunter der Psychiater Manfred Bleuler, an der Universität von Zürich lehrten. Elisabeth hatte einen rigorosen Stundenplan, der ihr nur wenig Zeit für Entspannung ließ. Im letzten Studienjahr durfte sie in Vertretung eines Landarztes bereits selbständig eine Praxis führen. Sie besuchte ihre Patienten in den verstreuten Landgemeinden auf dem Motorrad, und das Fräulein Doktor war bei den einfachen Dorfleuten sehr beliebt. Mit ihren dreißig Jahren sah sie immer noch aus wie ein Schulmädchen, aber sie war tüchtig und konnte, wenn es nötig war, halbe Nächte am Bett eines Patienten wachen. Ihre Energie schien unerschöpflich zu sein. Seit Polen war sie nicht mehr so erfüllt und glücklich gewesen.

Sie machte ihre ersten unmittelbaren Erfahrungen mit Sterbenden. Drei ihrer Patienten litten an einer tödlichen Krankheit, darunter eine über achtzigjährige Frau, die wenig Schulbildung, aber die Weisheit des Alters besaß. Sie wußte, daß sie im Sterben lag, und sah dem Tod mit Gelassenheit und innerem Frieden entgegen. Elisabeth ging jedesmal gestärkt von diesem Krankenbett fort. Worin bestand das Geheimnis? Die alte Frau hatte mit ihrem Leben abgeschlossen und konnte trotzdem jeden Augenblick, der ihr noch blieb, ganz wach durchleben. Sie freute sich an dem Anblick der Vögel auf ihrem Fensterbrett und an der Schönheit des bunten Herbstes.

Ein ganz anderer Fall war ein Schmied in noch jungen Jahren, der an Lungenkrebs litt und Frau und Kinder zurücklassen mußte. Er haderte mit seinem Schicksal und verfluchte Gott, weil er ihn seiner Zukunft beraube. Er war grob und mürrisch gegen Elisabeth, bis sie mit einer teilnahmsvollen Bemerkung durch seinen Zorn durchdrang. Das öffnete die

Schleusen seiner Trauer, und er schüttete ihr sein Herz aus. Wie Elisabeth feststellte, gewann er danach ein neues Verhältnis zu seinem bevorstehenden Tod.

Die dritte Patientin war ein leukämiekrankes junges Mädchen. Es war tief deprimiert und gab keine Antwort, wenn Elisabeth sie anredete. Das war die Phase des Sterbens, in der die Kranke voll Trauer vom Leben Abschied nahm. Elisabeth besuchte das Mädchen weiterhin, saß nur still bei ihr und hielt ihre Hand. Das schien dem Mädchen wohlzutun, wie ihr dankbarer Händedruck zu erkennen gab. Diese drei Sterbenden nannte sie später ihre »Kindergartenlehrer der Thanatologie«.

Ein Jahr darauf schloß sie ihr Studium ab. Sie war jetzt einunddreißig Jahre alt und wollte mit einem Ärzteteam nach Indien gehen, aber das Projekt fiel ins Wasser. Das Leben hatte andere Pläne mit ihr. Sie heiratete ihren amerikanischen Studienkollegen Emanuel Ross und folgte ihm nach Amerika. Das war kein leichter Entschluß, denn ihr bangte vor einem Leben in den Vereinigten Staaten. Eine amerikanische Freundin sprach ihr Mut zu. Wenn Elisabeth schon so gerne in einem »Dschungel« arbeiten wolle, warum dann nicht in dem brutalsten Dschungel der Welt? »Er heißt New York.«

War sie gerüstet für das neue Abenteuer? Auf verschlungenen Wegen und gegen erhebliche Widerstände hatte sie ihren Kindheitstraum, Ärztin zu werden, verwirklicht. Sie hatte ihrem Vater die Stirn geboten und mit ihrer Beharrlichkeit und Tüchtigkeit seine Achtung errungen. Sie hatte Zähigkeit bewiesen, eine unermüdliche Arbeitskraft und einen unbeugsamen Willen an den Tag gelegt. Ihre Teilnahme am Leiden anderer Menschen hatte sie in den Jahren, in denen junge Mädchen normalerweise Zerstreuungen und Vergnügen suchen, zum

Internationalen Friedensdienst geführt. Mit ihrer Körpergröße von knapp einem Meter fünfzig und einem Gewicht, das fünfzig Kilo nie überschritt, leistete sie, was andere überfordert hätte. Ihr Idealismus war gepaart mit einer robusten Natur und einer Leidenschaft für körperliche Schwerarbeit. Sie war anpassungsfähig und sprachbegabt. Sie hatte reiche Erfahrungen gesammelt: mit Menschen verschiedener Nationen in ihren Arbeitseinsätzen in Frankreich, Belgien, Italien, Schweden und Polen, im Labor, mit den Patienten der Augenklinik und als Landärztin. Am meisten zog es sie zu kranken Kindern hin, und so schwebte ihr eine Laufbahn als Kinderärztin vor.

Sie hielt sich nicht für sonderlich religiös, aber die Fügungen in ihrem Leben, die denkwürdigen Begegnungen, die wunderbare Weise, wie ihr jedesmal geholfen wurde, wenn sie Hilfe brauchte, das Mysterium des Todes, das sie schon früh beschäftigte, führten sie in Grenzbereiche des Lebens. Es gab eine Wirklichkeit, die dem Verstand nicht zugänglich war. Sie wußte auch, daß eine noch so gute medizinische Ausbildung wenig Wert hat ohne menschliche Qualitäten, ohne die Zuwendung zum Patienten als einem leidenden Individuum mit seinem persönlichen Schicksal. Wie sollte sie nicht gerüstet sein? Sie hatte ein intuitives Einfühlungsvermögen, sie hatte Liebe, insbesondere zu Kindern, sie hatte Mut, das Neue anzupacken. Es beeindruckt, wie zielstrebig sie verwirklichte, was ihrem Wesen entsprach, wie unbeirrbar sie »ihre Linie« verfolgte. Die Schwierigkeit der Selbstfindung als Drilling hatte sie gestärkt gegen Widerstände. Im Grunde konnte ihr nichts zustoßen, was sie von ihrem Weg hätte abbringen können. Daß dieser Weg überraschende Wendungen nahm, die sie selbst nicht voraussehen oder planen konnte, ist nur ein Zeichen dafür, daß die Bestimmung eines Menschen sich erfüllt, ob er will oder nicht. Der anfängliche Kulturschock in den USA konnte ihr so wenig anhaben wie ihre Außenseiterrolle als Ausländerin und als Ärztin mit eigenen, unkonventionellen Grundsätzen. Letzten Endes stellten alle Umstände ihres Lebens und alle Umwege sich in den Dienst ihres vorbestimmten Weges.

Das junge Arztehepaar Elisabeth und Emanuel Ross fand gemeinsam eine Anstellung am Glen Cove Community Hospital in Long Island bei New York. Sie absolvierten ihr Pflichtjahr als Assistenzärzte und arbeiteten hart. Beide erwarben sich den Ruf außergewöhnlicher Kompetenz und wurden meistens gerufen, wenn es schwierige Fälle gab. Elisabeth bevorzugte den Dienst in der Notaufnahme. Sie bewies ein besonderes Geschick im Umgang mit schwerverletzten Menschen im Schockzustand. Schnelle Entscheidungen mußten getroffen werden, der Unfallpatient mußte beruhigt und getröstet, Familienmitglieder auf die schlimme Nachricht vorbereitet werden. Es ging hektisch zu auf der Unfallstation, aber Elisabeth nahm sich Zeit für die Not der Patienten und machte wichtige Erfahrungen, die sich später in ihrer Arbeit mit Sterbenden wiederholten. – Woher wußte zum Beispiel ein Patient, daß ein anderes Familienmitglied, das den Unfall ebenfalls erlitten hatte, schon gestorben war, obwohl die Nachricht noch niemanden erreicht hatte?

Nach dem erschöpfenden Jahr am Glen Cove Hospital hoffte Elisabeth auf einen Ausbildungsplatz an der renommierten Kinderklinik des Columbia Presbyterian Medical Center von New York. Sie wollte sich nun endgültig auf Kinderheilkunde spezialisieren. Am Glen Cove Hospital hatte sie beobachtet, wie verzogen amerikanische Kinder oft waren, wie sie ihre Mütter terrorisierten und dabei selbst unglücklich waren. Die kleinen Tyrannen taten ihr leid. Sie betrachtete die Kinder als die »am meisten benachteiligte Minderheit« der Gesellschaft und wollte etwas für sie tun. Doch es kam anders, als sie geplant hatte. Sie entdeckte, daß sie schwanger war, und büßte dadurch ihren Ausbildungsplatz am »Babyspital« ein. Sie mußte sich nach einer anderen Stellung umsehen, aber so kurzfristig standen ihr nur die wenig attraktiven staatlichen Krankenhäuser offen. Mangels anderer Möglichkeiten bewarb sie sich um eine Stelle als Ärztin in der Psychiatrie des Manhattan State Hospitals. In Zürich hatte sie unter anderem bei Manfred Bleuler studiert und brachte ein Empfehlungsschreiben mit.

Das trostlose Gebäude erinnerte sie fatal an das KZ von Majdanek. Ihr mißfiel die Indifferenz des Arztes, mit dem sie sprach, aber sie bekam die Stellung. Bevor sie am Manhattan State Hospital beginnen konnte, erlitt sie eine Fehlgeburt. Durch eine Ironie des Schicksals war der Grund, der sie daran gehindert hatte, den begehrten Platz an der Kinderklinik anzunehmen, nun hinfällig geworden, aber die Stelle war natürlich vergeben. Sie mußte sich ein Jahr gedulden. Einstweilen stand sie vor einer gewaltigen Herausforderung.

»Ein Oberarzt, ein Mann in mittleren Jahren mit beginnender Glatze, mit tief zerfurchtem Gesicht, einem Raucherhusten und einer Stimme, die sich am Ende eines Satzes verlor, führte sie hastig durch das Gebäude. Er zeigte ihr die Verwaltungsräume im Zentrum der Institution, die Laboratorien, wo Biochemiker neue Drogen entwickelten, die medizinischen und chirurgischen Stationen für Psychopathen, Schizophrene, Manisch-Depressive und rekonvalenszente Psychotiker. Die Hälfte der Patienten waren Schwarze; der Rest bestand hauptsächlich aus Puertorikanern und einheimischen Weißen.

Der Oberarzt führte sie schließlich in ein etwa fünf Meter langes und drei Meter breites Zimmer mit einem kleinen Schreibtisch und einem wackligen Holzstuhl. Das sei ihr Arbeitszimmer, erklärte er. Das Krankenhaus sei ebenso überfüllt wie schlecht dotiert, und notgedrungen habe man Büroräume opfern müssen.

Auf dem Schreibtisch sitzend, mit dem Rücken gegen ein vergittertes, vor lauter Schmutz undurchsichtiges Fenster, beschrieb er ihre Pflichten. Elisabeth würde in einer Abteilung für weibliche Patienten arbeiten, von denen einige mit einer Reihe experimenteller Drogen behandelt wurden. Er nannte die Drogen nicht, aber sie erfuhr später, daß es sich unter anderem um LSD, Psilocybin, Meskalin und andere Halluzinogene handelte. Eine ihrer Hauptaufgaben bestand darin, die psychophysiologischen Reaktionen auf die Drogen zu vermerken, die er und das Personal für biochemische Forschung den Patienten verabreichten. Mit einem freudlosen Lachen fügte er hinzu, daß die Drogen, die von den pharmazeutischen Firmen gratis geliefert wurden, ungefähr das einzige seien, an dem sie keinen Mangel hätten. Bald stellte sich heraus, daß die Patienten als unzurechnungsfähig betrachtet wurden und daß ihre Einwilligung in die Behandlung nicht erforderlich war. Wenn Patienten protestierten, gab man ihnen Beruhigungsmittel oder bestrafte sie mit dem Entzug bestimmter Rechte. Elisabeth wandte ein, daß sie doch wissen sollte, was für Drogen ihren Patienten verabreicht wurden. Der Arzt winkte ab. Nein, für Drogen sei sie nicht zuständig.

Die meisten Patienten, fuhr er fort, würden nicht

46

für potentiell gefährlich gehalten, aber natürlich müsse Elisabeth ständig auf der Hut sein. Sie solle jeder widerspenstigen Patientin Thorazin oder eine Behandlung mit Elektroschock geben oder ihm sofort Meldung erstatten.

Dann gingen sie zusammen durch die Stationen. Die Patienten schliefen in Löchern, die ungefähr so groß waren wie Elisabeths Arbeitszimmer. Am Ende eines Ganges öffnete der Arzt eine Tür in den sogenannten Aufenthaltsraum. Als sie eintraten, wurde Elisabeth beinahe überwältigt von dem Uringestank, der ihr entgegenschlug. Der Raum war voll Patientinnen, von denen die meisten nur halb angezogen waren, manche lagen auf dem Boden in Lachen ihres eigenen Urins, andere hockten mit angezogenen Knien da, andere saßen auf fleckigen Sofas oder in starrer Haltung auf harten Stühlen. Keine warf einen Blick auf die Besucher. Manche weinten laut, andere wiegten sich hin und her. Acht oder neun räudige Katzen, die der Oberschwester gehörten, trugen zu dem Gestank und der infernalischen Szene noch bei.

Elisabeth bekam die Abteilung für die sogenannten ›unkooperativen‹ Patienten nicht zu sehen, aber man sagte ihr, daß die diensthabende Schwester dort mit einem Holzknüppel Ordnung schaffe. Neben der ›Strafabteilung‹ lagen die ›Therapiebäder‹. Es hatte sich als wirksam erwiesen, widerspenstige oder gewalttätige Patienten mehrere Stunden lang in die ›Therapiebäder‹ einzusperren.

Auf einer späteren Besichtigungstour mußte Elisabeth sich an die Wand drücken, um zwei Wärtern Platz zu machen, die einen schreienden Patienten zur Elektroschockbehandlung zerrten. Das Schauspiel entsetzte sie. Sie wollte fortlaufen und die Flinte ins Korn werfen. Sie hatte einen schrecklichen Fehler begangen, daß sie in dieses staatliche Kran-

kenhaus gekommen war. Sie konnte nicht fassen, daß
es außerhalb eines Konzentrationslagers solche ent-
würdigenden Zustände geben konnte.« [4]

Aber sie blieb, und sie hielt durch. Zunächst sorgte
sie dafür, daß der Aufenthaltsraum gereinigt und die
Patientinnen ermutigt wurden, sich ordentlich anzu-
ziehen und sich sauber zu halten. Sie weigerte sich,
Patientinnen zur Schockbehandlung zu schicken
oder ihnen Halluzinogene zu verabreichen, und sie
litt mit ihnen, wenn andere es taten. Sie erkannte
sehr bald, daß eine ausschließliche Behandlung mit
Medikamenten, die »chemische Keule«, den Patienten keine Heilung brachte. Seit Jahren war niemand
von dieser Station entlassen worden. Von den Ärzten
aufgegeben und als Versuchskaninchen für frag-
würdige Experimente mißbraucht, vegetierten die
Patienten dahin. Ihr Selbstbestimmungsrecht, das
auch einem psychisch Kranken zusteht, ihre Würde
als Menschen war ihnen genommen worden. Mit der
Hilfe zweier verständnisvoller Mitarbeiter, einem
jungen kanadischen Arzt und einer schwarzen So-
zialfürsorgerin, die das Herz auf dem rechten Fleck
hatte, gelang es Elisabeth, andere Maßstäbe zu setzen
– Maßstäbe der Menschlichkeit. Die Zuwendung zu
den Patienten war ihr wichtiger als jede Theorie. Sie
bemühte sich um ein persönliches Verhältnis zu den
Kranken. Um den trostlosen Alltag aufzuhellen, fei-
erte sie Feste mit ihnen – Geburtstage, Weihnachten
und jüdische Feiertage –, sie sorgte für Dekoration,
Bewirtung und Geschenke. Bald stellten sich Erfolge
ein. Zum ersten Mal seit Jahren konnten Patientinnen als geheilt entlassen werden. Als hoffnungslose
Fälle aufgegebene psychotische Frauen wandten
sich wieder dem Leben zu.
    Keine Geschichte einer Heilung war so berührend

wie die eines jungen Mädchens namens Rachel. Elisabeth hatte die Patientin, die an katatonischer Schizophrenie litt und zu einer anderen Station gehörte, schon längere Zeit beobachtet. Sie saß immer auf derselben Bank im Hof des Krankenhauses, immer in derselben Pose und antwortete nicht, wenn Elisabeth sie grüßte. Niemand wußte, wann sie zum letzten Mal gesprochen hatte. Gegen die Skepsis des Oberarztes ließ Elisabeth die Patientin in ihre Abteilung überweisen, um eine individuellere Behandlung zu versuchen. Sie wußte, daß vielen Patientinnen einfach die menschliche Zuwendung fehlte. Ein persönliches Gespräch, Anteilnahme an ihrer Lebensgeschichte, an ihren Sorgen und Ängsten waren wirksamer als jede Therapie nach dem Lehrbuch und heilsamer als alle Drogen. Zuerst bemühte sie sich vergeblich, Rachel zum Sprechen zu bringen. In vielen Einzelsitzungen redete sie mit dem stummen Mädchen und versuchte, an den verborgenen Schmerz zu kommen, der Rachel die Sprache geraubt hatte. Es war eine Bewährungsprobe in ärztlicher Geduld und Liebe. Als der Oberarzt drohte, die Patientin wieder auf die alte Station überstellen zu lassen, weil Elisabeth doch nichts ausrichtete, intensivierte sie ihre Bemühungen. Sie kam jeden Tag eine Stunde früher ins Krankenhaus, um sich Rachel mehr widmen zu können, aber sie blieb stumm. An einem Wintertag, als sie beide auf der Bank im Hof saßen, flehte Elisabeth Rachel an, nur ein einziges Wort zu sagen, einfach ein »Ja« zum Zeichen, daß sie verstanden hatte. Dann würde Elisabeth sie begleiten, bis sie ganz gesund würde.

»Rachels Gesicht und Körper zuckten vor Schmerz, und ihre Schultern bebten unter Elisabeths Händen. Sie öffnete den Mund, und der Tiefe ihrer Seele entrang sich ein Laut – das erste Wort, das sie seit Jahren gesprochen hatte. Es war ein deutliches ›Ja!‹ Elisabeth umarmte die Patientin und drückte ihre Wange an ihr eigenes tränenüberströmtes Gesicht.« [(5)]

Unter Elisabeths Obhut ging Rachel den Weg bis zu ihrer völligen Genesung zu Ende.

Um den Patientinnen die Wiederanpassung in ein normales Leben zu erleichtern, veranstaltete sie mit ihnen Ausflüge in die Stadt. Sie half ihnen, sich in dem hektischen Verkehr zurechtzufinden, Einkäufe zu tätigen, mit Geld umzugehen. Viele von ihnen, wie Rachel, hielten noch jahrelang Kontakt mit ihr.

Am Ende ihrer Zeit konnten zwei Drittel der Patientinnen ihrer Abteilung das Krankenhaus verlassen.

»Wenn sie an die zwei Jahre am Manhattan State Hospital zurückdenkt, so ist Elisabeth heute dankbar dafür, daß sie dort so viel lernte, vor allem von den Patienten selbst. Sie entdeckte, daß es mit Geduld und Vertrauen möglich ist, in die Welt der Psychotiker einzudringen und sie zu verstehen, und sie vertritt die Auffassung, daß ohne dieses Verständnis, das nur durch echte Anteilnahme und Fürsorge zu erreichen ist, die meisten Versuche, Geisteskranke zu behandeln, zum Scheitern verurteilt sind. ...

Sie lernte unter anderem von Rachel, daß kein Fall als hoffnungslos zu betrachten ist, solange keine physiologische Ursache der Krankheit vorliegt.« [(6)]

Elisabeth entschloß sich, bei der Psychiatrie als Fachgebiet zu bleiben. Eine zweite Fehlgeburt hatte ihren Plan, Kinderärztin zu werden, nach einem Jahr wieder durchkreuzt. Es sollte nicht sein. Sie vollendete statt dessen ihre psychiatrische Ausbildung an der Montefiore Klinik im New Yorker Stadtteil Bronx, wo ihr Mann als Neuropathologe beschäftigt war. Sie brachte ihr erstes Kind, den Sohn Kenneth, zur Welt und hatte sogar Zeit für etwas Häuslichkeit und private Geselligkeit. Zum ersten Mal im Leben fühlte sie sich nicht ausgelastet. Sie übernahm extra Aufgaben an der Klinik, begutachtete geisteskranke Kinder und war als psychiatrische Beraterin auf anderen Stationen tätig. Auch hier eckte sie mit ihren unorthodoxen Ansichten bei den Kollegen an. Wieder erlebte sie die Diskrepanz zwischen einer theoretisch orientierten Therapie und ihrer eigenen Behandlungsweise, die auf Intuition und auf persönlicher Zuwendung zum Patienten beruhte.

In dieser Klinik kam ihr erneut zu Bewußtsein, wie sehr die amerikanische Gesellschaft den Tod verdrängte. Die schwere Depression eines jungen Mannes mit progressiver Paralyse erkannte sie als die Phase seiner Vorbereitung auf den Tod. Sie diagnostizierte eine lebensbedrohende amyotrophe Lateralsklerose, keine bloß psychosomatische Paralyse, wie die offizielle Diagnose lautete. Aber der Neurologe wollte von ihrem Befund nichts wissen und ging Elisabeth aus dem Wege, als der Patient drei Tage später starb. Ärzte, so schien es, wollten den Tod noch weniger wahrhaben als Patienten.

Da trat der Tod im eigenen Familienkreis an sie heran. Ihr Vater war schwer erkrankt und wünschte sich sehnlichst, in seiner Wohnung im eigenen Bett zu sterben. Elisabeth flog in die Schweiz und ermöglichte ihm die Rückkehr nach Hause. Sie blieb bei ihm, organisierte die Pflege und kam ihrem Vater, zu dem sie einmal ein so gespanntes Verhältnis hatte, in tiefen Gesprächen sehr nahe.

Aus dem eigensinnigen, autoritären Mann war am

Ende seines Lebens ein besinnlicher, humorvoller und toleranter Mensch geworden, der kein Urteil mehr über andere fällte. Der eine bringt das, was in ihm angelegt ist, schon früh zur Entfaltung; der andere braucht ein langes Leben dazu. Elisabeth empfand es als großes Geschenk, daß sie diese Wandlung miterleben und ihren Vater bis zu seinem Tod begleiten durfte.

Kübler-Ross war nun eine voll ausgebildete Psychiaterin und ging gemeinsam mit ihrem Mann wieder auf Stellungsuche. Der kulturelle Schock war überwunden. Im Dschungel von New York hatte sie sich glänzend bewährt. Sie hatte Aufgaben gefunden, die sie ihrer eigentlichen Bestimmung näher brachten. Es mußte ein Sinn darin liegen, daß es sie nach Amerika verschlagen hatte. Ihre Ehe mit Emanuel Ross war die eine Ebene, ihre berufliche Laufbahn eine andere. Vielleicht gab es noch eine dritte, die sie erahnte, als sie auf der Fahrt nach Denver, Colorado, ihrer nächsten Station, durch Arizona kam. Hier, im Monument Valley mit seiner dramatischen Landschaft, hatte sie ein bemerkenswertes Erlebnis. Sie erkannte den Ort wieder. Zweimal hatte sie im Traum diese Landschaft gesehen und sich selbst auf einem Pferd in indianischer Tracht. Alles Indianische hatte sie schon immer angezogen. Ihr war, als hätte sie früher als Indianer hier gelebt. Auch dieser Weg nach Westen, in das alte Territorium der Indianer, war einer jener Zufälle, die ihr Leben mit einer geheimnisvollen größeren Existenz verbanden. Sie schrieb in ihr Tagebuch:

»Ich weiß sehr wenig über die Philosophie der Reinkarnation. Ich habe diese Vorstellung immer mit merkwürdigen Leuten in Zusammenhang gebracht, die in einem weihrauchgefüllten Zimmer über ihr früheres Leben diskutieren. Ich bin anders erzogen. Ich fühle mich im Laboratorium zu Hause. Aber ich weiß, daß es Mysterien des Geistes und der Seele gibt, die weder durch Mikroskope noch durch chemische Reaktionen zu erforschen sind. Einmal werde ich mehr wissen. Einmal werde ich diese Dinge verstehen.« [7]

Das sollte nicht mehr lange dauern. In Denver war Professor Margolin, selbst ein Emigrant, ihr wichtigster Ansprechpartner. Er galt als ein exzentrisches Genie und zugleich als ein Mann von hoher Kultur und Weisheit. In dem von ihm gegründeten Institut für Psychophysiologie erforschte er die psychosomatische Medizin, die Wechselbeziehung zwischen körperlichen und seelischen Leiden, und bediente sich der Hypnosetechnik zur Erforschung veränderter Bewußtseinszustände. In einer Arbeitssitzung wurde Elisabeth einmal in hypnotischer Trance in Erlebnisse zurückversetzt, die sich nicht in ihrem gegenwärtigen Leben zugetragen haben konnten. Sie erlebte sich als Indianerin im Südwesten der Vereinigten Staaten und starb eines gewaltsamen Todes. Diese Rückführung war für sie so qualvoll, daß die Sitzung abgebrochen werden mußte.

Auch Inhalte ihres Wachbewußtseins machten ihr zu schaffen. Da war die alte, in ihrem Schicksal als Drilling wurzelnde Suche nach Identität, die sie zwar zu großen Leistungen angespornt, aber auch gehemmt hatte. Sie war verletzlich, trotz aller Erfolge unsicher, aufbrausend und empfindlich gegen Kritik. Professor Margolin und zwei andere befreundete Professoren, die »drei Weisen«, rieten ihr, sich einer Psychoanalyse zu unterziehen, um diese Konflikte zu erhellen. Das geschah in Chicago, und die Analyse half ihr, ihre Lebensproblematik zu verstehen. Sie lernte ihre Grenzen zu akzeptieren und gewann ein neues Selbstbewußtsein.

Aber noch war sie in Denver als Dozentin für Psychiatrie an der University of Colorado. Was sie am Manhattan State Hospital gelernt und mit Erfolg praktiziert hatte, nämlich daß Chemotherapie bei der Behandlung psychisch gestörter Patienten hinter einer individuellen Therapie zurücktreten muß, stieß auch bei ihren Kollegen in Denver auf Widerstand. Es kam zu Zusammenstößen zwischen ihr und ihrem Vorgesetzten, einem konservativen Mediziner. Ihr Refugium war die psychiatrische Abteilung für Kinder. Mit psychisch gestörten Kindern arbeitete sie wie immer am liebsten. Hier hatte sie freie Hand. Sie setzte ihre Intuition und ihren gesunden Menschenverstand in der Behandlung ein – mit überraschenden Erfolgen. Sie hörte den Kindern zu und gewann ein Verständnis für Familiendynamik, denn sie erkannte, daß die meisten Störungen ihre Wurzel in den familiären Verhältnissen hatten.

Nach einem Jahr lud Professor Margolin sie ein, in seinem Team mitzuarbeiten. Und eines Tages erteilte er ihr den folgenreichen Auftrag, eine Vorlesung für ihn zu halten…

3. Die Begleitung Kranker und Sterbender

Hat je ein Mensch
an die Billionen von Möglichkeiten gedacht,
die das Leben jedem einzelnen von uns bietet?
Und so ist es auch mit dem Tod –
dem Höhepunkt des Lebens, der Reifeprüfung,
dem Abschied vor einer neuen Begrüßung,
dem Ende vor einem neuen Anfang.
Der Tod ist der große Übergang.

Elisabeth Kübler-Ross

Die Stationen des Lebensweges von Elisabeth Kübler-Ross bis zu den Seminaren über Tod und Sterben zu schildern ist eine Sache. Da gibt es eine Chronologie, ein trotz aller überraschenden Wenden und Zufälle folgerichtiges Nacheinander der Ereignisse. Dieser Weg führte sie zu ihrer Aufgabe in unserer Zeit, und hier beginnt der eigentliche »Dschungel«. Darüber zu sprechen ist eine andere Sache, denn das heißt, sich selbst mit einzubeziehen. Die Auseinandersetzung mit dem Tod, die Einstellung zu Krankheit und Sterben in unserer Gesellschaft, geht uns alle an. Sich mit dieser Frage zu beschäftigen kann Überwindung kosten, auch diejenigen, die mit dem Werk von Elisabeth Kübler-Ross vertraut sind, ihre Bücher durchgearbeitet und Nutzen daraus gezogen haben. Man liest sie ja nicht einfach wie einen beliebigen »Stoff«, sondern sie fordern heraus. Sie können eine ähnliche Wirkung ausüben wie die Seminare und Workshops: Die Krise der anderen, das Leiden und der Lernprozeß der anderen rührt an eigene Lebensprobleme und nötigt zu einer Antwort. Haben wir Verantwortung übernommen für unser Leben, wie es geworden ist? Könnten wir heute Abschied nehmen, wenn es sein müßte? Auch wenn unser Leben nicht unmittelbar durch schwere Krankheit bedroht ist, dem Tod als unerbittliche Tatsache des Lebens kann niemand ausweichen. Wer hat nicht schon einen nahestehenden Menschen verloren, wer hat nicht schon einmal einen Patienten im Krankenhaus besucht oder ist an einem Sterbebett gesessen und hat wahrgenommen, daß der Tod die Wirklichkeit verändert? Ich rede nicht von der Darstellung des Todes in den Medien, der abstrakt bleibt, sondern von dem, was jeder selbst erlebt hat. Der Tod erreicht uns, wo er *privat* wird. Nur diese Erfahrung, in welcher Form auch immer, zwingt zur Antwort. Dann können wir die Augen nicht mehr vor der Tatsache verschließen, daß wir den Tod verdrängen, solange es geht. Die Welt der Gesunden und die der Kranken, die Welt der Lebenden und die der Sterbenden trennt ein tiefer Graben, den wir nur zögernd und notgedrungen überschreiten.

Elisabeth Kübler-Ross hat mit ihrem Lebenswerk die Augen für das Defizit unserer Gesellschaft geöffnet. Die amerikanische Gesellschaft, in der sie lebt und arbeitet, ist nur ein extremes Beispiel für die Verdrängung des Todes. Das Tabu des Todes gilt für die gesamte westliche Zivilisation. Je höher die technische und industrielle Entwicklungsstufe eines Landes ist, desto mehr Angst herrscht vor dem Tod, desto mehr wird er aus dem Leben verdrängt. Für eine Wissenschaft, die angetreten ist, die Natur zu beherrschen, für die moderne Medizin, die immer erfolgreicher Krankheiten bekämpft und Methoden entwickelt hat, das Leben zu verlängern, ist der Tod der Feind schlechthin. Daher haben Ärzte oft solche Probleme, wenn Patienten sterben. Der Tod ist ein Störfall, der mit allen Mitteln ausgeschaltet werden muß. Der Tod ist die Niederlage der ärztlichen Kunst. Daher ist der sterbende Mensch ein Ärgernis; ein Kranker, für den medizinisch nichts mehr getan werden kann, wird »abgeschrieben«.

Elisabeth Kübler-Ross ist dieser Haltung immer wieder begegnet. Das hat ihre Arbeit erschwert, sie aber auch bestärkt in der Gewißheit, daß ihre Zuwendung zu Sterbenden nicht nur diesen selbst, sondern der ganzen Gesellschaft zugute kommt. Sie hat die Frage aufgeworfen, warum in der modernen Zivilisation, im Unterschied zu anderen Epochen und Kulturen, Tod und Sterben dermaßen mit Angst besetzt sind. Auch in unserem Kulturkreis konnten die Menschen in früheren Zeiten natürlicher mit dem Tod umgehen. Der Durchschnittsmensch starb wesentlich früher als heute. Viele Kinder erreichten nie das Erwachsenenalter. Der Tod wurde akzeptiert als der ständige Begleiter des Lebens. Er war allgegenwärtig und sichtbar. Die meisten Menschen starben zu Hause im Kreise ihrer Familie, getröstet vom christlichen Glauben an die Auferstehung. Die Umweltbedingungen des heutigen Menschen sind ganz andere. Der Tod ist nicht mehr ein alltäglicher Anblick. Viele Krankheiten sind heute heilbar, viele Seuchen nahezu ausgerottet. Wir haben Krankenhäuser eingerichtet für die Kranken und Sterbenden, und mit den Toten kommen wir meistens gar nicht in Berührung. Der Tod wird fortgeschafft, beseitigt, zugedeckt. Er findet hinter geschlossenen Türen statt, in Isolierzimmern, Intensivstationen, Pflegeheimen, in der sterilen Atmosphäre medizinischer Geräte. Ein solcher Tod ist einsam. Weil wir den Tod nicht mehr sehen, reden wir auch nicht gerne von ihm. Die Verschwörung des Schweigens gilt für uns alle. Deshalb ist Sterben heute schwerer, nicht zuletzt auch deshalb, weil die religiösen Bindungen brüchig geworden sind. So haben wir die Kunst des Sterbens, die *Ars moriendi*, verlernt. Der Tod ist zu einer Katastrophe geworden ohne Ausweg. Er ist ein Skandal, die Antithese zu allem, wofür unser »Fortschritt« steht. Er ist das grausame, aggressive, obszöne *Ende*. Er hat keinen Platz in unserer Kultur, die Jugend, Dynamik, Tempo, Lebensgenuß und »Machbarkeit« verherrlicht. Damit lassen wir Alte, Kranke und Sterbende allein und sind im Angesicht des Todes selbst verlassen. Wir haben nicht gelernt, uns über den Tod als Krise auszusprechen. Wir haben keine Worte für ihn. Es war das Anliegen von Elisabeth Kübler-Ross, dieses Schweigen zu brechen, das Bewußtsein zu wecken, daß der Tod ein integraler Bestandteil des Lebens ist.

»Es wäre sicher gut, wenn man allgemein mehr über Tod und Sterben als untrennbar mit dem Leben verbundenen Fakten sprechen würde, wie man ja auch ohne Zögern über ein erwartetes Kind redet. Würden diese Themen öfter diskutiert, dann brauchten wir uns nicht zu fragen, ob ein Patient in der Lage ist, mit uns darüber zu reden ...« [1]

Wer Kranken und Sterbenden helfen will, ihren schweren Weg zu gehen, muß seinem eigenen Tod und seiner Sterblichkeit ins Auge sehen können:

»Der Therapeut, der für sich selbst mit dem Komplex von Tod und Sterben ins reine gekommen ist, kann auf die Dauer dem Patienten am besten helfen, sich mit seinem bevorstehenden Ende abzufinden und die Todesangst zu überwinden.« [2]

Die Sterbenden sind unsere »besten Lehrer« dabei. Diese Erfahrung machte Elisabeth Kübler-Ross schon als junge Landärztin in der Schweiz, und in den vielen Jahren der Betreuung sterbender Menschen hat sich diese Erfahrung vertieft.

Zuerst lernte sie, daß Sterbende *Phasen* durchmachen mit unterschiedlichen Befindlichkeiten und Bedürfnissen. Diese gilt es zu erkennen, damit man dem Kranken helfen kann, die Phasen des Sterbens durchzustehen und den Tod anzunehmen. Das ist nicht leicht, denn Kranke bedienen sich oft einer symbolischen Sprache, die man verstehen und richtig interpretieren muß. Sie leiden am meisten unter der Verschwörung des Schweigens, die sie daran hindert, ihre Bedürfnisse zu äußern. Instinktiv passen sie sich dem Bedürfnis ihrer Umgebung an, die Wahrheit zu leugnen.

Solchen Kranken kann sehr geholfen werden, wenn man ihnen die Möglichkeit gibt, offen über ihren Zustand zu reden.

Elisabeth Kübler-Ross unterscheidet *fünf Phasen des Sterbens.*

In der *ersten Phase* will der Patient nicht wahrhaben, daß die Diagnose einer tödlichen Krankheit ihn betrifft. Der typische Satz lautet: »Ich doch nicht!« oder: »Das kann nicht sein. Das geht mich nichts an.« Es muß ein Mißverständnis vorliegen, vielleicht wurden Röntgenaufnahmen vertauscht, oder der Befund wurde mit dem eines anderen Patienten verwechselt. Der Patient hat das Bedürfnis, sich der Wahrheit zu entziehen, solange er sie noch nicht ertragen kann. Hier ist es die Aufgabe des Therapeuten, den gegebenen Augenblick abzuwarten, um mit dem Patienten zu sprechen. Er soll aufrichtig sein, dem Kranken die Wahrheit aber nicht aufdrängen. Das Verhalten des Therapeuten und aller Menschen, mit denen er Umgang hat, ist für den Kranken sehr wichtig. Sie können ihm das Sprechen erleichtern oder erschweren. Daher sind große Behutsamkeit und Einfühlungsvermögen nötig. Es läßt sich nicht vermeiden, Fehler zu machen, zum Beispiel wenn man aus Mitleid das Nichtwahrhabenwollen des Patienten unterstützt.

»Das zeigt, daß wir im Umgang mit Patienten die eigenen Reaktionen genau klären müssen; sie spiegeln sich stets im Verhalten des Kranken und beeinflussen sein Befinden sehr stark. Wir selbst entwickeln uns und reifen, wenn wir bereit sind, uns ehrlich zu prüfen. Dazu eignet sich kaum etwas so gut wie der Umgang mit schwerkranken, alten oder sterbenden Patienten.« [3]

In der *zweiten Phase* hat der Patient die Wahrheit zwar in sein Bewußtsein eingelassen, aber er kann sich mit ihr nicht abfinden. Er hadert. »Warum gerade ich?« steht als Frage hinter seinem Zorn. Ein Patient in dieser Phase kann sehr schwierig, feindselig und unzugänglich sein. Oft wird er vom Pflegepersonal gemieden, weil er lästig ist und ständig nörgelt. Dadurch wird er noch einsamer, während es darauf ankäme, seinem Zorn standzuhalten und ihm damit ein Ventil zu verschaffen, seinen Zorn loszuwerden. Patienten in dieser Phase haben eine begreifliche Wut auf alle Gesunden, vor allem dann, wenn sie selbst noch jung sind und unversorgte Kinder und Ehepartner zurücklassen müssen. Und Menschen, die gewohnt waren, Einfluß und Macht auszuüben, können sich nicht damit abfinden, nicht mehr der »Boß« zu sein.

In der *dritten Phase* versucht der Kranke, mit dem Schicksal oder mit Gott zu verhandeln: »Nur noch ein

Jahr ... nur bis zum Abitur ... nur bis die Kinder groß sind ...« Der Patient erkennt an, daß es sich um ihn handelt, aber er bittet um einen Aufschub. Auch mit dem Arzt wird manchmal verhandelt. In *Verstehen was Sterbende sagen wollen* schildert Elisabeth Kübler-Ross eine schwer krebskranke Frau, die sich nur einen Tag erbat, um an der Hochzeit ihres Sohnes teilnehmen zu können. Danach wollte sie in das Krankenhaus zurückkehren und eine gehorsame Patientin sein. Der Tag wurde ihr durch außergewöhnliche medizinische Maßnahmen ermöglicht, aber wie die meisten Patienten in dieser Phase bat sie um einen neuen Aufschub – einen freien Tag zur noch gar nicht in Aussicht stehenden Hochzeit ihres zweiten Sohnes.

Viele bitten um eine Frist, um unerledigte Dinge zu regeln. Eine gute Sterbebegleitung wird ihnen dabei helfen, etwa mit dem Aufsetzen eines Testaments oder mit anderen Verfügungen, die getroffen werden müssen. Ein Schwerkranker kann auch den Wunsch äußern, sich mit einem entfremdeten Verwandten zu versöhnen. Man kann ihm helfen, indem man diese Person verständigt und eine Aussprache herbeiführt. Bewegend ist die Geschichte eines Patienten, der keinen Frieden fand wegen seiner lebenslangen Minderwertigkeitsgefühle gegenüber seiner Frau. Nach ihren Begriffen war er ein Versager, der ihre Bedürfnisse nie erfüllt hatte. Es galt, zwischen dem Sterbenden und seiner verbitterten Frau zu vermitteln. Das gelang so weit, daß der Patient sich mit Würde damit abfinden konnte, sein Lebensende in einem Pflegeheim verbringen zu müssen.

Im Stadium der Depression, der *vierten Phase,* trauert der Patient um vergangene Verluste, wie um eine amputierte Brust oder einen künstlichen Darmausgang oder seine Trennung von der Familie. Dann folgt der eigentliche Vorbereitungsschmerz, in dem der Patient um seinen künftigen Verlust trauert.

»Sie beginnen um ihren eigenen Tod zu trauern, und werden sich der Tatsache bewußt, daß sie nicht nur einen geliebten Menschen, sondern alle Menschen und alle Dinge verlieren, die ihrem Leben einen Sinn gaben. Während des stummen Vorbereitungsschmerzes sprechen sie nicht mehr viel; sie können ihren Kummer und ihre Trauer nicht in Worte fassen. Gewöhnlich bitten sie darum, daß ihre Verwandten und Bekannten noch einmal kommen, und dann nicht mehr. Dann wollen sie ihre Kinder noch einmal sehen, und ganz am Schluß wollen sie meistens einen oder zwei geliebte Menschen um sich haben, die still bei ihnen sitzen. Ein Händehalten oder eine Berührung ist wichtiger als Worte.« [(4)]

Gerade männliche Patienten haben es nicht leicht, den Schmerz dieser Phase auszudrücken. In unserer Gesellschaft gilt es als unmännlich, zu weinen. Männer brauchen manchmal Hilfe, diese Trauer zuzulassen und ohne Scham zu weinen. *»Es braucht einen ganzen Mann, um weinen zu können.«*

In der *letzten Phase* beginnt der Patient sich vom Leben abzulösen und ist kaum mehr erreichbar. Viele Angehörige mißverstehen die Weigerung des Patienten zu reden und sind oft schockiert oder gekränkt, weil er nicht mehr mit ihnen spricht. Sie müssen lernen zu verstehen, daß der Patient Abschied genommen hat und sich anschickt, den Übergang zu vollziehen. In drei ihrer Bücher – *Interviews mit Sterbenden, Reif werden zum Tode* und *Verstehen was Sterbende sagen wollen* – hat Elisabeth Kübler-Ross die fünf Stadien des Sterbens erläutert und Beispiele aus der Praxis geschildert. Sie hat deutlich gemacht, daß in vielen Fällen nicht nur die Kranken, sondern auch ihre Angehörigen Hilfe nötig haben, daß die Phasen des Sterbens auch diejenigen durchmachen, die im Begriff sind, einen geliebten Menschen zu verlieren. Für sie sollte es einen Raum in der Klinik geben, wo sie ihren Gefühlen freien Lauf lassen können. Elisabeth Kübler-Ross hat sich für die Einrichtung solcher »Schreizimmer« oder »Klagezimmer« eingesetzt. Eine gute Sterbebegleitung wird sich auch den Angehörigen zuwenden. Oft braucht es gar nicht viel, ein Zeichen der Anteilnahme und vor allem die Bereitschaft, zuzuhören.

Auch das oft überforderte Klinikpersonal braucht Verständnis und Unterstützung. Krankenschwestern sind eingespannt in eine Routine, die exakt erfüllt werden muß. Sie haben keine Zeit, um sich um die seelischen Bedürfnisse der Patienten zu kümmern. Sie sind mit Apparaten beschäftigt, mit der Ausgabe von Medikamenten, mit Injektionen und Krankenkarteien. Sie leiden selbst unter der Versachlichung der Pflege in unserem effizienten Krankenhaussystem. Es raubt dem Kranken alles Persönliche, oft seine Würde, wenn er an Geräte angeschlossen ist und nicht weiß, was mit ihm vorgeht. In der Atmosphäre des Krankenhauses fühlen sich viele Patienten eingeschüchtert, isoliert, einsam und hilflos. In diesem Zusammenhang erinnert Elisabeth Kübler-Ross sich an ihre eigene Kindheitserfahrung, als sie mit einer schweren Lungenentzündung ins Kinderspital eingeliefert wurde, wie ein »Paket« abgewogen und beschriftet und in ein Bett gepackt wurde, ohne daß jemand sich Zeit nahm, mit ihr zu reden, ihr etwas zu erklären oder sie zu beruhigen.

Für die Betreuung eines Schwerkranken ist es daher besonders wichtig, ihm die Kommunikation zu erleichtern. Die Erfahrung zeigt, daß alle Tod-

kranken, ob Erwachsene oder ob Kinder, über ihren
Zustand Bescheid wissen und gerne darüber reden
würden, wenn man sie ließe. Auch das lernte Elisabeth Kübler-Ross von den Patienten selbst.

*»Ich meine, der wichtigste Beitrag dieser Patienten
besteht darin, daß sie uns beigebracht haben, daß
die Kranken über ihren Zustand reden wollen, daß
sie dazu in der Lage sind und um ihr Sterben wissen
– und dies gilt auch für Hunderte von Patienten,
denen die Ernsthaftigkeit ihrer Krankheit nie mitgeteilt wurde. Die Patienten wissen nicht nur, daß
sie sterben, sondern sie können uns auch mitteilen,
wann der Tod eintritt, wenn wir ihnen zuhören und
die Sprache von Sterbenden verstehen können.«* [5]

Wenn es ihnen unmöglich ist, sich unmittelbar zu
verständigen, tun sie es in einer symbolischen Sprache der Gesten und verschlüsselten Aussagen. Diese
»geheime Sprache« von Schwerkranken lernt verstehen, wer genau hinhört und verstehen *will*.

Manchmal können spontane Zeichnungen viel
über den körperlichen und seelischen Zustand eines
Menschen aussagen. Die behutsame Interpretation
von Zeichnungen nach der Methode der Londoner
Therapeutin Susan Bach hat sich dabei hervorragend
bewährt. Ihre Einteilung der Bildfläche in vier »Quadranten« des menschlichen Daseins, den physischen,
emotionalen, intellektuellen und spirituellen, erleichtert das Lesen solcher Zeichnungen. Sie sind
ein unbewußtes Abbild der Seele und können einem
Menschen helfen, sich mit seinem bevorstehenden
Tod auseinanderzusetzen oder mit einem anderen
Trauma fertig zu werden.

Am häufigsten sind es die »unerledigten Dinge«,
die einen Patienten quälen und nicht zur Ruhe

kommen lassen. Auch in ihren späteren Workshops mit Kranken und Gesunden, traumatisierten und suchenden Menschen stehen diese »unerledigten Dinge« im Vordergrund – die Lebensdefizite, die Versäumnisse und Verletzungen, der Mangel an wirklicher Erfüllung. Eine gute Sterbebegleitung kann helfen, daß ein Todkranker in seiner allerletzten Frist noch einen Ausgleich seiner Lebensbilanz und einen Sinn findet, der ihm in seinem bisherigen Leben verborgen war.

In jeder Phase der Begleitung spielt die *Hoffnung* eine wichtige Rolle.

»Dabei muß man beachten, daß die Hoffnung am Anfang einer ernsten Krankheit etwas völlig anderes ist als die Hoffnung am Ende des Lebens. Am Beginn einer bösartigen Krankheit besteht die Hoffnung des Patienten immer darin, daß die Diagnose nicht stimmt. Wenn die Diagnose sich bestätigt, hofft er, daß die bösartige Krankheit sich in einem frühen Stadium befindet und noch behandelt werden kann. Die Hoffnung in diesem Stadium bezieht sich also immer auf Heilung, Behandlung und Verlängerung des Lebens. Wenn diese drei nicht mehr wahrscheinlich sind – ich sage nicht: unmöglich, weil es immer Ausnahmefälle gibt –, dann verwandelt sich die Hoffnung des Patienten in eine neue, die nichts mehr mit Heilung, Behandlung und Verlängerung des Lebens zu tun hat. Dann sagt er vielleicht eines Tages schlicht: ›Hoffentlich wird etwas aus meinen Kindern‹, oder: ›Ich hoffe, daß Gott mich in sein Reich aufnimmt.‹ Auch das ist Hoffnung.« [6]

Die Hoffnung darf einem Kranken niemals genommen werden, auch dann nicht, wenn ihm medizinisch nicht mehr zu helfen ist. Seiner Seele kann immer geholfen werden. Wie Elisabeth Kübler-Ross oft erfahren hat, können sogar Todkranke erfüllt und so intensiv leben, wie sie es in ihrem ganzen Leben nicht vermocht haben. Dieser Aspekt der Sterbebegleitung ist der erstaunlichste und beglückendste. Die Bücher von Kübler-Ross sind voll von bewegenden Zeugnissen des Wunders, daß Menschen mit einer lebensbedrohenden Krankheit erst richtig zu leben beginnen. Ein Patient sagte: »Ich mußte erst sterbenskrank werden, um leben zu lernen.«

In einem eigenen Buch, *Kinder und Tod,* widmet Elisabeth Kübler-Ross sich den Kindern, die ihr immer so sehr am Herzen lagen, und dem Schmerz der Eltern, vor allem dann, wenn sie ein Kind durch einen gewaltsamen Tod verloren. Anhand vieler Geschichten aus ihrer Praxis – Elisabeth Kübler-Ross ist eine große Erzählerin menschlicher Schicksale – zeigt sie, wie Eltern geholfen werden konnte, mit dem Tod eines Kindes fertig zu werden. Da sind junge Mütter, die ihr Kind nicht austragen konnten und in schwere Depression verfielen, oder Mütter, deren Kind nach der Geburt starb, ohne daß sie den kleinen Leichnam zu Gesicht bekamen – der Tod wird weggeräumt. Andere Kinder sterben im Säuglingsalter oder als Kleinkinder an einer bösartigen Krankheit. Beim Tod von Kindern stellt sich den Eltern immer die verzweifelte Frage: »Warum?« Auch Geschwister sind Leidtragende, die nicht begreifen können, warum sie plötzlich vernachlässigt werden, warum die ganze Liebe und Fürsorge ihrer Eltern sich dem einen, dem kranken Kind zuwendet.

Das Trauma ist besonders groß, wenn ein Kind durch Selbstmord oder ein Gewaltverbrechen stirbt. »Warum läßt Gott so etwas zu?« Im Gespräch mit den Eltern stellt sich oft heraus, daß Kinder, die eines unerwarteten, plötzlichen Todes sterben, eine verblüffende Ahnung von diesem Ereignis hatten. So fand sich im Schreibtisch eines kleinen Mädchens, das durch einen Unfall ums Leben kam, ein Liebes- und Dankesbrief an ihren Vater zu dem erst bevorstehenden Vatertag. Ein fünfzehnjähriges Mädchen erklärte ihrer entgeisterten Mutter, daß sie nicht mehr auf die Schule gehen, sondern zu leben beginnen wolle, denn es sei »schon fast vorbei«. Sie brachte ihr Zimmer und ihre Garderobe in Ordnung, verließ das Haus und kam bei einem Autounfall ums Leben. Ein elfjähriges Mädchen, das ermordet wurde, hatte ihrer Mutter eine Zeichnung geschenkt, die ihre Eltern erst nach der Katastrophe als eine Mitteilung über ihren bevorstehenden Tod deuten konnten. Was für ein Wissen hatten diese Kinder? Wie ließ es sich erklären?

Auch kranke Kinder scheinen über ihren nahen Tod Bescheid zu wissen, wie ihre spontanen Zeichnungen demonstrieren. Kinder stehen dem Tod im allgemeinen unbefangener und nüchterner gegenüber als Erwachsene und wissen, daß sie »drüben« von geliebten Verwandten erwartet werden, die ihnen im Tod vorausgegangen sind. Kinder sind Realisten und machen sich weniger vor als Erwachsene. Sie stellen unverblümte Fragen wie: »Was ist der Tod?« und »Warum müssen kleine Kinder sterben?« Elisabeth Kübler-Ross beantwortete diese Frage eines unheilbar kranken neunjährigen Jungen mit ihrem *Brief an ein Kind mit Krebs*. Sie bediente sich einer Sprache, die Kinder verstehen: bunter Bilder und schlichter, mit Farbstiften geschriebener Gleichnisse. Sie erklärt dem Kind, daß ein Menschenleben sich in einer langen oder in einer kurzen Zeitspanne vollendet, daß es vom Stamm fällt wie eine reife Frucht und in der Liebe Gottes geborgen ist. Was Elisabeth Kübler-Ross da geschrieben und gemalt hat, was sie erzählt von der Sonne, die über der Welt scheint, von Blumen und Bäumen, die wachsen, Früchte tragen, im Herbst ihre Blätter abwerfen und im Winter ruhen, ist ein Bilderbuch über Leben und Tod und die Liebe Gottes zu allem, was er geschaffen hat. Ein großer bunter Schmetterling prangt auf dem ersten Blatt, und auf dem letzten erläutert sie, was er bedeutet.

»Erst wenn alle Arbeit getan ist, wofür wir auf die Erde kamen, dürfen wir unseren Körper ablegen. Er umschließt die Seele wie die Puppe den künftigen, schönen Schmetterling. Dann werden wir frei sein von Schmerzen, Angst und allem Kummer – frei sein, wie ein freier, schöner Schmetterling – und dürfen heimkehren zu Gott.« [7]

Der *Brief an ein Kind mit Krebs* oder *Dougy-Letter* ist in dem Band *Kinder und Tod* enthalten. In Amerika wurde er auch separat gedruckt und vielen kranken Kindern zugeschickt.

Kinder verstehen den Tod besser, als Erwachsene ihnen zutrauen. Ein kleines Mädchen, dessen Mutter im Sterben liegt, greift das Sinnbild des Schmetterlings auf und erklärt es ihren Mitschülern und ihrer Lehrerin. So kann schon ein Kind Unterricht erteilen über Tod und Sterben, und es ist falsch, Kinder vom Sterbebett Angehöriger fernzuhalten, um sie zu schonen. Je mehr sie in die Betreuung einbezogen werden, desto besser verarbeiten sie den Tod einer Mutter oder eines Geschwisters.

Sterbende Kinder reifen erstaunlich schnell. Es ist, als ob sie den inneren Weg, für den andere ein langes Leben brauchen, in einer kurzen Zeitspanne zurücklegten. Selten hat ein frühgereiftes Kind das Glück, im Beisein einer weisen Urgroßmutter zu sterben wie das kleine Mädchen in der Schweiz, das Elisabeth als junge Ärztin betreute. Die Kleine hätte keine bessere Sterbebegleitung haben können als diese alte Frau, die selbst schon hinfällig und dem Leben fast entrückt war.

»Ich hätte diese beiden stundenlang beobachten können. Oft hörte ich den Geschichten der alten Frau zu, die sie sich wohl aus alten Erinnerungen und einem inneren Wissen der künftigen Dinge zusammengereimt haben mußte. Ihre schlechten Augen hinderten sie daran, Geschichten aus den Büchern vorzulesen, aber ihre Erzählungen waren viel interessanter und anregender als irgendein Buch ... Am letzten Tag ihres Lebens, den die Ur-Oma vorausgesehen haben mußte, fragte Susanne sie einfach, ob sie sie ›bald besuchen‹ würde. Niemand außer der Ur-Oma hätte diese Frage damals verstanden. Sie berührte sanft die Hand ihrer Urenkelin und sagte: ›Aber natürlich, du weißt doch, mein gebrechlicher alter Körper macht es nicht mehr lange. Aber es wird schon noch gehen, solange du mich hier brauchst. Bald werden wir zusammen sein, und weißt du was? Dann kann ich wieder hören und sehen, und wir werden zusammen tanzen.‹« [8]

Die alte Frau hatte ein Vorauswissen von dem, was klinisch Tote, die ins Leben zurückgeholt wurden, so oft berichten: Ihr Körper ist von allen Krankheiten und Verletzungen geheilt, wenn sie die Schwelle überschritten haben und geliebte Verstorbene sie empfangen.

Elisabeth Kübler-Ross half vielen Familien, ihre Angst vor der Pflege eines Schwerkranken zu Hause zu überwinden. Wenn die Pflege medizinisch gewährleistet werden kann, ist die häusliche Umgebung für einen Sterbenden und seine Angehörigen das Beste. Wenn dies nicht möglich ist oder wenn der Sterbende keine Angehörigen mehr hat, gibt es heute die Hospize als segensreiche Einrichtung für humanes Sterben. In diesen Sterbehospizen erhält der Sterbende keine aktive Behandlung mehr, und außer schmerzlindernden Mitteln werden keine Medikamente verabreicht. Zwei Dinge werden den Patienten auf dieser letzten Station ihres Lebens versprochen: daß sie keine Schmerzen leiden und nicht einsam sterben. Der Sterbende wird liebevoll umsorgt und kann seinen Übergang im Frieden und mit Würde vollziehen.

Daß die Hospizbewegung sich in den vergangenen Jahren so ausbreiten konnte, ist weitgehend Elisabeth Kübler-Ross zu danken. In den USA hat sie mehr als hundert Sterbehospize gegründet; heute sind es über zweitausend.

Elisabeth Kübler-Ross schildert immer wieder anschaulich, was Sterbende erleben. Sie hat ihnen geholfen, zu *Leben, bis wir Abschied nehmen.*

In dem Bildband mit diesem Titel[9] können wir anhand von sensiblen Fotos, die im Einverständnis mit den betreffenden Personen entstanden sind, und der erläuternden Texte von Elisabeth Kübler-Ross an der Begleitung einer Reihe von Sterbenden teilnehmen. Wie schön eine abgezehrte Krebskranke sein kann, wie tapfer und kreativ, zeigt die Geschichte des Sterbens von Beth. Als ihr Leben zu Ende ging, entdeckte sie erst ihre dichterische Ader.

»Was Beth uns zeigte, ist dies: Wenn Menschen den Mut haben, ihre eigene Endlichkeit anzunehmen, und wenn sie diese äußerste Infragestellung ihrer Person mit allen Bitterkeiten, Qualen und Schmer-

zen, die daraus erwachsen, aushalten, dann gehen sie aus dem Kampf als neue Menschen hervor. Sie fangen an, mit Gott, der Quelle des Lebens, oder wie immer man das nennen mag, zu reden, und damit fängt für sie ein neues Leben, eine neue Existenz an. In ungezählten Fällen haben wir das erlebt. Solche Menschen werden oft zu Dichtern; sie entwickeln eine nie geahnte Kreativität, sie zeigen Gaben und Fähigkeiten, die alles, was Herkunft und Bildung ihnen mitgegeben haben, weit hinter sich lassen.« [10]

Die Geschichte Jamies zeigt den Kampf einer Mutter um das Leben ihres an einem unheilbaren Gehirntumor erkrankten fünfjährigen Kindes. Linda geht den schweren Weg einer Mutter, die ein besonders geliebtes Kind loslassen muß. Den spontanen Zeichnungen des kleinen Mädchens ist zu entnehmen, daß die Kleine um ihren Tod weiß. Ein roter Luftballon schwebt in den Himmel davon. Ermutigt von Elisabeth nimmt die Mutter das Kind zum Sterben nach Hause und verbringt mit seiner Pflege eine schmerzliche, aber auch unvergeßlich innige Zeit. Nach Jamies Tod schreibt sie:

»Jamies Befinden wurde immer schlechter, und ich versuchte, an den roten Luftballon und an das, was er symbolisierte, zu denken. Und ich hatte plötzlich das Bedürfnis, glauben zu können, daß ein Teil von Jamie nach ihrem Tod irgendwo und irgendwie weiterleben würde. Trotz einiger Anfälle von Atemnot wurde Jamie im Laufe der Wochen immer stiller und friedlicher, und ich hatte nun keine Angst mehr vor dem, was kommen würde. Fast konnte ich sehen, wie der purpurrote Luftballon sanft an seiner Schnur zog, die ihn hielt, bis er sich schließlich löste und fortschwebte. Ich vermisse Jamie schmerzlich,

*aber ich habe aus diesem Schmerz viel gelernt und
bin wohl auch ein Stück weiter gekommen. Ich habe
keine Furcht mehr vor dem Tod, denn ich hielt Jamie
in den Armen, als sie starb, und da sah ich nichts
Furchterregendes. ... Jamies Mut, ihre Fröhlichkeit
und ihre Liebe werden immer bei mir bleiben. Ja,
sie war für mich ein ganz kostbares Geschenk.«* [11]

Eine ältere Krebspatientin, Louise, entschließt sich,
auf Chemotherapie und Bestrahlung zu verzichten.
Lieber will sie einen früheren Tod, Metastasen und
Schmerzen in Kauf nehmen, aber dafür ihre noch
verbleibende Lebenszeit selbst gestalten. Sie verbringt den größten Teil davon zu Hause, in ihrer ver-
trauten Umgebung, mit ihren Hunden, an ihrer Staf-
felei und im Austausch mit Menschen, die sie als
Therapeutin noch berät. Elisabeth Kübler-Ross und
andere Helfer begleiteten sie durch die Höhen und
Tiefen der letzten Monate ihres Lebens. Die Fotos zeigen, wie dieser Mensch sich zum Tode vollendet. Sie
bereicherte das Leben aller, die sie kannten. Als sie
wesentlich später, als die Ärzte vorausgesagt hatten,
ihrem Leiden erlag, hielt Elisabeth Kübler-Ross ihre
Grabrede. Louise war wie so viele Sterbende, die sie
begleitet hat, eine Freundin geworden. Unwillkür-
lich stellt sich einem die Frage, wie diese Frau es
erträgt, daß ihr unaufhörlich die besten Freunde
wegsterben, denn das waren sie: ihre geliebten
Freunde.

Dieses Buch über Sterbende ist in Wahrheit ein
Buch über das Leben. Wer diesen Geschichten in
Bild und Wort folgt, nimmt nicht Trauer mit, sondern Hoffnung. Denn was sich hier vollzieht, ist ein
Reifwerden und Vollenden, ein sanftes Loslassen
und Hinübergehen. Nicht jedes Sterben ist so gnä-
dig, aber Menschen können Sterbenden helfen, diese

Krise so zu überstehen, daß sie bis zuletzt sinnvoll und wahrhaft leben. Das ist die Botschaft der Sterbebegleitung, wie Elisabeth Kübler-Ross sie geübt, gelehrt und in ihren Büchern dargestellt hat.

Die Sterbeforschung ist heute in mancher Hinsicht über sie hinausgegangen. Die fünf Phasen des Sterbens, wie Elisabeth sie schildert, werden heute eher als ein nützliches »Denkmodell« betrachtet, das sich in der Praxis nicht unbedingt bewährt. Kübler-Ross hat selbst festgestellt, daß diese Phasen nicht immer in dieser Reihenfolge ablaufen und beim einzelnen ganz unterschiedlich sein können. Sehr viel Erfahrung ist gesammelt worden, seit sie ihr Pionierwerk begann. Die Sterbebegleitung ist, wenn man so will, nüchterner geworden. In der Ausbildung wird heute mehr darauf geachtet, daß der Begleiter sensibel wird für das, was in seiner eigenen Seele abläuft, damit er seine bewußten und unbewußten Nöte nicht auf den Kranken oder Sterbenden projiziert. Man will keinen Anspruch erheben, dem Sterbenden etwas »sagen« zu können, was dieser nicht selbst weiß. Dahinter steht ein Stück Selbstbescheidung und Demut, die Einsicht, daß Sterbende uns immer voraus sind. Dennoch bleibt gültig, was Elisabeth Kübler-Ross aus ihrer langen Erfahrung mit Sterbenden gelernt hat. Sie hat sich von ihnen belehren lassen, nicht umgekehrt, und kraft ihrer Persönlichkeit wurde aus der Sterbebegleitung ein gemeinsamer Weg des Wachsens und Lernens.

Nicht jeder, der sich heute in Krankenhausseelsorge und Sterbebegleitung ausbilden läßt, bringt eine so charismatische, erfahrene und gereifte Persönlichkeit mit, aber daß überhaupt so viele Menschen diese Erfahrung suchen, ist ein bleibendes Verdienst von Elisabeth Kübler-Ross. Sterben, früher eine verdrängte Unzeit, ist durch sie zur Lebenszeit geworden. Die Bewegung für humanes Sterben geht auf die Impulse zurück, die sie gegeben hat. Daß jeder Landkreis heute Sterbehospize einrichtet, ist ihr zu verdanken. Tod und Sterben, früher ein Tabu, ist im sozialpolitischen Kontext durch sie zum Thema geworden.

4. Die Workshops

Die meisten Menschen reagieren auf das Leben,
anstatt daß sie agieren. Die meisten Menschen ver-
bringen 90 Prozent ihrer Energie und Zeit damit,
sich Sorgen zu machen, was morgen geschieht, und
leben nur zu 10 Prozent in der Gegenwart. Wenn
einmal das Reservoir der angestauten negativen
Emotionen entleert ist, können wir diese Prozent-
sätze verändern und ein viel erfüllteres, befriedi-
genderes, weniger aufreibendes und daher weniger
krankmachendes Leben führen, als wir das vorher
getan haben.

Elisabeth Kübler-Ross

Als die Nachfrage nach den Seminaren über Tod und Sterben immer größer wurde und Elisabeth Kübler-Ross bald das ganze Land bereiste und sogar Einladungen nach Übersee folgte, wurde ihr deutlich, daß es mit Seminaren und Vorträgen nicht getan war. Sie beschrieben das Problem, ohne den Menschen praktisch helfen zu können. Daher beschloß sie im Jahre 1970, sich mit einer Gruppe von Menschen an einen Ort zurückzuziehen, wo sie mehrere Tage zusammen leben und an den »unerledigten Dingen« arbeiten konnten, die so viele Menschen am Leben hindern.

Sie erkannte, daß ihre Arbeit über die Begleitung Kranker und Sterbender hinausgehen und sich zu einer Lebenshilfe für alle Menschen entwickeln mußte. Was die Sterbenskranken sie gelehrt hatten, galt auch für Gesunde, die eine Lebenskrise zu bewältigen oder das Bedürfnis hatten, innerlich zu wachsen. So wurden die Workshops über »Leben, Tod und Übergang« ins Leben gerufen.

»Unser Ziel, der Zweck dieser fünftägigen Sitzungen besteht darin, daß sie unseren Teilnehmern helfen sollen, an die tiefsten und lange unterdrückten Schmerzen, Ängste, Scham- und Schuldgefühle heranzukommen und dadurch ihr Unerledigtes zu bewältigen. Wir lehren sie im Grund das, was sterbende Patienten gewöhnlich auf ihrem Sterbebett versuchen: mit dem Unerledigten aufzuräumen, damit sie keine Negativität mehr in sich haben und buchstäblich leben können, bis sie sterben, mit einem Gefühl des Friedens, der Heiterkeit, des Annehmens und der Vergebung anderen und sich selbst gegenüber.« [1]

Die Workshops fanden in allen amerikanischen Bundesstaaten, dann auch in Kanada, Europa, Südamerika und sogar in Japan statt. Zunächst waren sie für Schwerkranke und ihre Angehörigen bestimmt, aber der Kreis der Teilnehmer erweiterte sich bald. Es kamen Menschen aller Altersstufen, von Kindern bis zu Neunzigjährigen, Vertreter verschiedener Berufsgruppen, vor allem aus den Heilberufen, es kamen Pfarrer und Rabbiner, Eltern, die ein Kind verloren hatten, und immer waren mehrere Schwerkranke dabei. Als AIDS ausbrach, wurden auch AIDS-Kranke aufgenommen, und das war ein Durchbruch besonderer Art. Alle Teilnehmer mußten sich mit ihren Berührungsängsten und Vorurteilen gegenüber der Immunschwäche und damit einem Stück eigener Negativität auseinandersetzen. In jedem Workshop gab es zwei oder drei »besondere Menschen«, die zum Geschenk wurden. Sie lösten den Gruppenprozeß aus, der sich als heilsam für alle erwies.

Die Workshops laufen in einem geschützten Raum ab, meistens in einem bequemen Haus oder einer Tagungsstätte in einer schönen ländlichen Umgebung. Klöster mit ihrer gesammelten, friedlichen Atmosphäre sind als Tagungsorte besonders beliebt. Die Teilnehmer verpflichten sich, während der fünf Tage zusammenzubleiben und auch im Haus zu übernachten. Nur so kann innerhalb einer so kurzen Zeit eine Gemeinschaft entstehen. Der Montag beginnt mit einer Begrüßungsrunde, in der jeder sich jeweils nur mit dem Vornamen vorstellt, sein Anliegen nennt oder den Grund, weshalb er oder sie gekommen ist. Es gibt kein Programm und keinen festgelegten Ablauf der Workshops. Jeder entwickelt seine eigene Dynamik, aber die einzelnen Stadien in dem Gruppengeschehen sind sich sehr ähnlich. In jedem Workshop wird viel gesungen, weil Singen die Gruppenenergie steigert. Es wird getanzt, und es besteht die Möglichkeit, einen einsamen Spaziergang zu unternehmen, wenn der Druck in der Gruppe zu groß wird. Ein wichtiger Katalysator am Anfang der Workshops sind die spontanen Zeichnungen, die Elisabeth Kübler-Ross meistens schon am Montagabend anfertigen läßt. Etwa ein Dutzend werden vor der Gruppe »gelesen«. Die Betreffenden äußern sich dazu, wenn sie Lust haben, und so kommt das Gespräch sehr schnell auf das Wesentliche: die Verletzungen, die Ängste und unbewältigten Konflikte.

In den nächsten zwei Tagen findet die große Aussprache statt, an der sich alle beteiligen. Der Schmerz des einen, der gerade spricht, löst verwandte Empfindungen in anderen aus. Alle hören zu, wenn einer den Mut hat, Dinge preiszugeben, über die er vielleicht noch nie in seinem Leben gesprochen hat. Die teilnehmende Anwesenheit der Gruppe ist ein entscheidender Faktor: Jeder weiß sich »geschützt« und angenommen. Ein Kreis von Menschen, die sich am Tag vorher noch nicht kannten, wird buchstäblich über Nacht zu einer Gemeinschaft teilnehmender, verständnisvoller Freunde. Als einzige Spielregel gilt, daß der Schmerz des einzelnen nicht von dem Bedürfnis der anderen, zu trösten und zu beschwichtigen, unterbrochen werden darf. Erst wenn der einzelne sich ganz ausgesprochen hat, darf die heilende Teilnahme der anderen zum Ausdruck kommen.

Alte Traumata, lang angestaute Emotionen wie Trauer, Zorn, Ressentiment finden in den Workshops ein Ventil. Es fließen die Tränen, der Zorn darf sich durch das Schlagen auf eine Matratze physisch entladen. Keiner braucht sich seiner destruktiven Emotionen zu schämen. Sie werden nicht verurteilt, sondern verstanden und angenommen. Was einer durchmacht, wird von den anderen mitempfunden. Jede Negativität, die ein anderer preisgibt, findet die Gruppe in sich selbst wieder. Was einer von sich mitteilt, ist deshalb ein Geschenk für alle. Solche Geschenke aus dem Wesen eines Menschen stiften ein tiefes Gefühl der Verbundenheit, und daher sind aus den Workshops so viele dauerhafte Freundschaften hervorgegangen. Im Rahmen der fünftägigen Workshops erleben die Teilnehmer eine mitmenschliche Liebe, die sie auch nachher noch trägt.

Der Bildband *Befreiung aus der Angst* [2] dokumentiert eine Reihe bewegender Einzelschicksale. Es werden Menschen geschildert, die durch die Workshops Heilung erfahren haben. Auch erdrückende Lebensnöte können durch Aussprache ein anderes Gesicht bekommen, weil man lernt, anders mit ihnen umzugehen. Da ist die Mutter, die mit ihrem Sohn David zu dem ersten Workshop kam. Der achtzehnjährige David litt an einem Gehirntumor, der ihn bereits schwer behinderte und sein Gesicht entstellte. Er war auf einem Auge blind, eine Hälfte seines Gesichts war gelähmt, und er hatte Gleichgewichtsstörungen, so daß er ohne Hilfe kaum gehen konnte. Dieser David, dessen Anblick auf manche zunächst erschreckend wirkte, brachte allen Teilnehmern bedingungslose Liebe entgegen. Er war einer jener »besonderen Menschen«, die es in jedem Workshop gibt. Die Zusammensetzung der Teilnehmer war übrigens nur in einem äußerlichen Sinn eine zufällige. In jeder Gruppe gab es eine besondere Konstellation von Persönlichkeiten und Schicksalen, die den Gruppenprozeß förderte. Jede Gruppe, so wie sie war, erwies sich als »ideal«, und jeder, der hinkam, sollte dort sein.

»Es hat nie einen Menschen in diesen Workshops gegeben, der nicht zur rechten Zeit, am rechten Ort und mit den richtigen Menschen dorthin geführt wurde. Es ist eine zusammengewürfelte Menge einander unbekannter Menschen, die sich am Montag kennenlernen und am Freitag als eine Gruppe sich gegenseitig unterstützender, teilnehmender und liebevoller Freunde auseinandergehen.« [(3)]

Davids Mutter lernte sich damit abzufinden, daß sie David verlieren würde, und trotzdem war jeder Augenblick lebenswert. Sie entdeckte die Freude wieder, sie gewann Lebensmut. Das lernte auch David, der von der Gruppe mit seinen Behinderungen angenommen und geliebt wurde.

Eine Geschichte ist so anrührend wie die andere. Ein junger Pfarrer kommt über den Schmerz nicht hinweg, daß seine Frau ihn verlassen und die gemeinsamen Kinder mitgenommen hat. Er darf seinen Zorn herausschreien und findet noch während des Workshops einen Zugang zu seinen Kindern, die ihm später gerichtlich zugesprochen werden.

Da ist Betty, eine bis auf die Knochen abgemagerte Frau, die an einer unheilbaren Lungenkrankheit leidet und kaum noch atmen kann. Sie findet Verständnis für ihr aktuelles Lebensproblem. Auch sie konnte ihren Zorn und ihr Ressentiment in der Gruppe abladen. Sie gewann neue Lebensenergie und lebte noch anderthalb Jahre. Bei allen Schwerkranken zeigte sich, daß die Workshops eine lebensverlängernde Wirkung haben, weil das Leben eine neue Qualität bekommen hat. Der Patient wird aus seiner Isolierung herausgeholt, er erlebt Nähe, Beziehung, Anteilnahme durch die anderen, und das weckt die Lebensgeister.

Ein Vater kann sich mit dem Tod seines kleinen Kindes nicht abfinden, das ertrunken ist. Ihm hilft die Anwesenheit von Linda, die ihre fünfjährige Tochter durch Krebs verloren hat, und die Gruppe, der er seinen Schmerz und seine Trauer vorbehaltlos mitteilen kann.

Noch schwerer betroffen sind Paul und Cheryl, die Elisabeth Kübler-Ross einmal zwischen zwei Flügen angesprochen und um Hilfe gebeten haben. Eines ihrer beiden Kinder ist an einer tödlichen Krankheit gestorben, und bei dem zweiten wurde Krebs diagnostiziert. Beide teilen in bewegenden Briefen mit, was sie in dem Workshop erlebt haben. Für beide war das befreiende Erlebnis die Mitteilung und die Teilnahme der anderen. Die schmerzlichen Tatsachen bleiben bestehen, aber der Mensch selbst hat sich verändert, ist stärker geworden, hoffnungsvoller, positiver.

Einer Frau mit multipler Sklerose wird die Angst vor einer weiter fortschreitenden Behinderung genommen. Ihr Gesicht verändert sich, wird offener, entspannter, fängt an zu lächeln. Tanyas Sohn, ein junger, erfolgreicher Psychiater, hat sich das Leben genommen, und ihre Töchter verbieten ihr aus Angst vor den eigenen Emotionen zu trauern. Sie erträgt den Verlust nicht und gerät immer tiefer in eine stumpfe Verzweiflung und Selbstentfremdung. Im Workshop darf sie ihren Schmerz fühlen und zum Ausdruck bringen. Auch diesem Gesicht ist die innere Wandlung anzusehen. Am Anfang des Workshops war Tanya eine ältere Frau mit einem von Gram gezeichneten, erschlafften Gesicht. Im Lauf des Workshops wird dieses Gesicht lebendig. Interesse, Humor, Freude spiegeln sich darin, und in dem letzten Foto der Serie ist es kaum wiederzuerkennen. Es strahlt, es ist schön geworden mit einem wunderbar unverkrampften Lächeln und Augen, in denen die Funken tanzen.

Man kann sich an den Bildern dieser Workshops nicht sattsehen. Kein Protokoll des Heilungsprozesses, der sich in diesen Menschen vollzieht, könnte eindrucksvoller sein. Solche Momentaufnahmen bedeuten nicht, daß alle Trauer, aller Schmerz ein für allemal überwunden waren, aber die Workshops haben die Einstellung dazu verändert. Viel Negativität kann losgelassen werden, blockierte Gefühle beginnen zu fließen, die Last wird leichter. Ähnlich wie Sterbende können auch Menschen in einer Lebenskrise durch verschiedene Stadien gehen, bis sie ihr Schicksal angenommen haben und mit sich selbst versöhnt sind.

Am Donnerstagabend veranstaltet die Gruppe, die so viel Leid und Freud miteinander geteilt hat, ein Fest – ein Fest der Auferstehung, könnte man sagen. Manchmal wird die Eucharistie gefeiert mit selbstgebackenem Brot und Wein. Alle wirken mit, Christen und Juden, Andersgläubige und Atheisten. Im Abschlußritual wird ein großes Feuer angezündet. Alle suchen sich einen Fichtenzapfen und stellen sich im Kreis um das Feuer. Der Reihe nach sagt jeder, welchen Ballast er loswerden möchte. In einer symbolischen Geste wird alles Negative, das Leben Behindernde, auf den Zapfen projiziert und ins Feuer geworfen.

Wenn die Teilnehmer auseinandergehen, ist ein Netzwerk von Beziehungen, Freundschaften und Selbsthilfegruppen entstanden. Sie erzählen anderen von den Workshops, und die Anmeldungen vermehren sich nach dem Schneeballsystem. Für jeden Teilnehmer melden sich gewöhnlich drei bis fünf neue an. Als die Gruppen immer größer und die Wartelisten länger wurden, begann Elisabeth Kübler-Ross nach einem Ort in Kalifornien Ausschau zu halten, wo die Workshops künftig stattfinden könnten.

»Wir nahmen uns Zeit, in den Bergen von Escondido nach einem geeigneten Ort zu suchen, und stellten uns vor, wie schön es wäre, wenn wir ein großes Grundstück fänden. Wir würden ein Zentrum eröffnen, wo wir Schulungskurse in dieser Art von Arbeit abhalten würden und wo Leute, besonders wenn sie von weither anreisten, wohnen konnten, während sie an unseren Workshops über Leben, Tod und Übergang teilnahmen. Ein Ort, wohin Menschen einfach kommen konnten, um sich mit ihrer eigenen Negativität auseinanderzusetzen, um ihren Schmerz, ihre Qual und ihre Wut zu lindern, um sich zu befreien und zu läutern und in der Lage zu sein, ihr Leben positiver und voller zu leben.« [4]

Ein geeignetes Grundstück in herrlicher Landschaft wurde gefunden, aber es dauerte noch eine Weile, bevor sie es mit der Hilfe vieler Freunde erwerben konnte. Auch der Name stand schon fest, »Shanti Nilaya«, Heimstätte des Friedens. Das sind Worte aus dem Sanskrit, die ihr einmal zufielen, ohne daß sie damals wußte, was sie bedeuten. Am 27. November 1977 konnte Shanti Nilaya unter Mitwirkung von über tausend Menschen feierlich eingeweiht werden. Auf dem Gelände stand ein geräumiges Haus, aber als weitere Gebäude sich als notwendig erwiesen, um die wachsenden Gruppen zu beherbergen, verweigerten die Behörden die Baugenehmigung. So mußten die Workshops wieder nach auswärts verlegt werden, und Shanti Nilaya diente als Verwaltungs- und Schulungszentrum. Daß Shanti Nilaya räumlich nicht wachsen konnte, sollte ein Zeichen sein: Nicht der geographische Ort, nicht die manifeste Einrichtung war wichtig, sondern der Geist, für den Shanti Nilaya steht.

»Shanti Nilaya ist ein Konzept, kein Haus aus Beton. Dieses Konzept ist im Herzen all jener bewahrt, die wissen und wirklich begreifen, was bedingungslose Liebe ist, und die sie praktizieren. Das Konzept von Shanti Nilaya besagt, daß ein Hort des Friedens in jedem von uns ist. ... ›Shanti Nilaya‹ ist kein besonderer Ort in Escondido, Kalifornien, oder in São Paulo, Brasilien, oder in Australien oder Holland oder an der Ostküste. Es ist kein multinationaler Konzern mit über die ganze Landkarte verstreuten Zweigniederlassungen. Shanti Nilaya ist Schönheit, kein Gebäude; Gnade, nicht Grundbesitz; Tapferkeit, kein Konzern; Mitgefühl, keine Handelsgesellschaft; Liebe, kein Gesetz; Hingabe, kein Doktordiplom.« [5]

Wie Elisabeth Kübler-Ross betont, erreicht die Botschaft von Shanti Nilaya Menschen aller Religionen, Kulturen, Rassen und Altersstufen. Jeder, der wahrhaft leben will, kann sich darauf einlassen. Auf der ganzen Welt haben sich »Freunde von Shanti Nilaya« zusammengeschlossen und ein Netzwerk geschaffen aufgrund ihrer gemeinsamen Erfahrung. Was in den Workshops entstanden ist, wofür Shanti Nilaya steht, sind an keine Konfession gebundene spirituelle Erfahrungen. So konnte ein orthodoxer Rabbiner, für den extra koscheres Essen und koscherer Wein bereitgestellt worden waren, sich mit einer katholischen Nonne innig befreunden. Als beide die Workshops verließen, setzten sie die auf ein gemeinsames

Erleben gegründete Beziehung in einer Brieffreundschaft fort. Ein Mann wie Ram Dass, der über den Umweg nach Indien zu einem Weisheitslehrer für eine ganze Generation junger Amerikaner geworden war, konnte im Workshop inkognito durch seine Menschlichkeit überzeugen. Was er lehrt, steht im Einklang mit dem, was Menschen in den Workshops lernen, was Elisabeth Kübler-Ross in der Begleitung Sterbender gelernt hat. Es ist die Krise, im Fall von Sterbenden die äußerste Krise des bevorstehenden Todes, die dazu herausfordert, Farbe zu bekennen und sich auf das zu besinnen, was wirklich standhält. Die meisten Menschen finden heute keinen echten Rückhalt in ihrem herkömmlichen Glauben. Was zählt, ist die Erfahrung, die ein Mensch in der Krise mit sich selbst macht. Sie kann zu Gott führen, zumindest in eine spirituelle Öffnung zu einer höheren Wirklichkeit. Von da her gewinnt der Mensch neue Maßstäbe für die ihm noch verbleibende Lebenszeit, für seine Beziehungen zu anderen Menschen, für das eigentlich Wichtige. Die Botschaft der Workshops, aus denen Shanti Nilaya hervorging, ist universell.

In den Workshops fanden emotionelle Heilungen statt. Die Menschen erlebten, daß keiner in seinem Schmerz allein ist. Die Bürde des einzelnen wurde in dem Maß leichter, wie er sich darüber aussprechen konnte und wie er dadurch Anteilnahme erfuhr. Denn nicht nur Sterbenden wird es schwergemacht, sich mitzuteilen. Es geht im Leben nicht viel anders zu. Wer einen Kummer hat, wird gemieden. Wir möchten uns mit dem Lebensdefizit eines anderen nicht auseinandersetzen, sondern empfinden es als eine Belästigung. Wenn es uns sogar mit nahestehenden Menschen so geht, was können wir dann von anderen erwarten? Wir haben Angst davor, beansprucht zu werden, Angst davor, durch das Defizit des anderen an das eigene erinnert zu werden. Welches Leben ist denn vollständig? Wer wäre ganz zufrieden mit dem Leben, das er sich aufgebaut oder in das er »hineingeraten« ist? So ist es eben. Das nagende Bewußtsein, nicht voll gelebt zu haben, nie zu den Dingen gekommen zu sein, die man eigentlich tun wollte, gehört eben zum Leben. – Wirklich?

In den Workshops wurde ein Raum zur Verfügung gestellt, in dem jeder sich ungeschützt mitteilen konnte. Jeder durfte sicher sein, daß niemand ihn verurteilte. Keiner brauchte sich seiner tiefsten Regungen, seiner Gebrechen oder seiner Erscheinung zu schämen. Eine Teilnehmerin wird ihre Gefühle von Selbsthaß, Verlassenheit und Zorn los, als sie ihre Scham überwindet und der Gruppe ihren künstlichen Darmausgang zeigt und jedem einzelnen dabei in die Augen sieht. Sie meinte zuerst, sie brächte es nicht fertig, anderen die ekelhafte Wunde in ihrem Körper zu zeigen, und als sie es dann doch tut und in aller Augen nur Teilnahme und Liebe findet, erlebt sie das »Wunder« der Workshops. Weil sie den Mut gehabt hat, sich buchstäblich zu entblößen, wird die Last von ihr genommen. Sie kann jetzt mit ihrer Behinderung leben. Die Teilnehmer erleben eine tiefe Gemeinsamkeit aller Menschen, weil sie sich in diesem Raum nicht voneinander abgrenzen, nicht in der Isolation verharren. Diejenigen, die das tun und während des Workshops unbeteiligt im Abseits bleiben, gehen unbefriedigt weg. Es ist wie im Leben: Man empfängt nur so viel, wie man selbst gibt. Diejenigen, die nichts oder nur wenig von sich geben, erleben in den Workshops keine Heilung. Wer »über dem emotionalen Kram stehen« und sich mit der Rolle des unbeteiligten Beobachters begnügen will, nimmt nichts mit. Er schließt sich selbst aus dem heilenden Energiekreis aus. Wer seine Maske nicht fallen läßt, erlebt auch nicht, wie befreiend es ist, ohne Maske, ohne Fassade zu leben und gerade deshalb von den anderen angenommen zu werden.

Denen, die nicht durch eine persönliche Notsituation zu den Workshops kamen, halfen diese Tage des intensiven Zusammenlebens mit Kranken und Sterbenden, mit ihren eigenen »unerledigten Dingen« in Berührung zu kommen. In jedem der Teilnehmer steckte etwas, das berührt wurde von denen, die den Mut hatten, ihren Schmerz in der Gruppe mitzuteilen. In den Workshops ging es um die heilende Kraft der Liebe durch die Erfahrung der Gemeinsamkeit des Leides und die Erfahrung, daß Gemeinschaft das Leid des einzelnen lindert. In den Berichten ist oft von »Auferstehung« und »Wiedergeburt« die Rede. Alte Negativität konnte losgelassen, symbolisch ins Feuer geworfen werden, und ein neuer Mensch trat hervor, der die Welt und seine spezifische Situation mit neuen Augen betrachten und sich freier und kreativer darauf einlassen konnte. Aus der Notgemeinschaft der Workshops gingen tragfähige Freundschaften hervor. Mühselig und beladen kamen sie hin; gestärkt, in ihrem Selbstwert bestätigt, liebesfähig und befreit gingen sie fort.

Hunderte dieser Workshops haben stattgefunden. Sie »funktionierten« in Amerika ebenso wie in Europa, in Asien oder Australien. Das Bedürfnis danach war bei allen Menschen gleich, unabhängig vom Kulturkreis oder dem religiösen Bekenntnis der einzelnen Teilnehmer. Fragt man Menschen, die ein Workshop mitgemacht haben, nach ihren Erlebnissen, hört man immer wieder: »Ich war begeistert« oder: »Es war großartig.« Diese Erfahrungen liegen oft Jahre zurück, und was im einzelnen ablief, ist nicht mehr so genau im Gedächtnis geblieben, nur daß es befreiend war, dabei zu sein, und daß das Leben sich dadurch irgendwie veränderte.

Seit zehn Jahren leitet Elisabeth Kübler-Ross keine Workshops mehr. Viele Jahre hat sie sich eine unerhörte Arbeitslast aufgebürdet, wenn sie von einem Kontinent zum andern flog, von einem Workshop, einer Konsultation oder einem Vortrag zum andern hetzte. Einmal mußte auch ihre scheinbar unerschöpfliche Energie sich verausgaben. Sie mußte ihre Batterien wieder aufladen. Seit mehreren Jahren ist es stiller um sie geworden. Auch Shanti Nilaya gibt es nicht mehr. Andere Shanti Nilayas wurden gegründet, aber die wichtige Botschaft, daß das eigentliche Shanti Nilaya, die »Heimstatt des Friedens«, im Inneren jedes Menschen wohnt, diese Botschaft lebt weiter.

5. Die Botschaft

Das ist die Bedeutung des Todes:
die letzte Stufe der Reife;
Alles, was du bist,
und alles, was du getan hast und gewesen bist,
konvergiert in deinem Tod.
Wenn du stirbst und wenn du das Glück hast,
vorher davor gewarnt zu werden ...,
dann bekommst du deine letzte Chance zur Reife,
das heißt wahrhaft jener zu werden,
der du wirklich bist,
in noch umfassenderer Weise Mensch zu sein.

Elisabeth Kübler-Ross

Nicht zufällig entsteht ein Lebenswerk wie das von Elisabeth Kübler-Ross an einem bestimmten Ort und zu einer bestimmten Zeit. Es läßt sich aus heutiger Sicht in die »Human potential movement« einordnen, die in den sechziger Jahren in Amerika aufkam und in den siebziger Jahren ihren Höhepunkt erreichte. Die Bewegung zur »Entfaltung des menschlichen Potentials« ging von Kalifornien aus und fand einen Brennpunkt in dem legendären Esalen Institut von Big Sur. Hier entwickelten sich die Gestalttherapie und andere psychotherapeutische Richtungen als Wege der Selbstfindung. Hier und in anderen Zentren begann die Erforschung erweiterter Bewußtseinszustände, zum Teil unter der Wirkung halluzinogener Drogen. Elisabeth Kübler-Ross hat selbst an wissenschaftlichen Experimenten dieser Art teilgenommen. Die Gehirnforschung stellte fest, daß der Mensch nur einen kleinen Teil seiner Gehirnkapazität nützt und daß in unserer westlichen Kultur vor allem die rechte Gehirnhälfte verkümmert ist zugunsten der linken, dem Sitz des logischen Denkens. Erstmals wurden Versuche unternommen, östliche Meditationsweisen wissenschaftlich zu untersuchen als psychophysische Disziplinen, die ungeahnte Fähigkeiten des Menschen freisetzen. In Kalifornien mit seinem hohen asiatischen Bevölkerungsanteil begegnete die westliche Zivilisation der fernöstlichen Geisteswelt, die von jeher großen Wert auf Bewußtseinsentwicklung legt. Die Spiritualität der indianischen Kulturen wurde wiederentdeckt, besser gesagt, sie wurde erstmals in ihrem Eigenwert erkannt. Die breit gefächerte transpersonale Bewegung suchte Wissenschaft und Mystik in einer gemeinsamen Wahrheitssuche zu verbinden. Sie arbeitet transkulturell und interdisziplinär, um zum höheren Selbst jenseits des Personalen, dem Sitz der ewigen Weisheit, vorzustoßen. So fügen sich verschiedene Einzelströmungen, Gruppierungen, wissenschaftliche und spirituelle Zentren und viele heute berühmte Namen zu dem breiten Spektrum der »Human potential movement« genannten Bewegung zusammen. Von Kalifornien strahlte sie über das ganze Land aus und erfaßte auch Europa.

Das Ziel der Bewegung war der ganzheitliche, seiner selbst bewußte, verwirklichte Mensch. Dahinter stand die wachsende Erkenntnis, daß die Weltprobleme nur dann zu lösen sein werden, wenn die Menschheit in ihrer Evolution einen Schritt vorwärts tut. Die Welt wird sich nur dann verändern können, wenn der Mensch selbst sich verändert, wenn die Entwicklung seiner inneren Fähigkeiten den ungeheuren wissenschaftlich-technischen Fortschritt dieses Jahrhunderts aufholt. Auf der Suche nach der

Entwicklung des menschlichen Potentials wurde ein Bewußtseinsraum entdeckt, der nicht weniger aufregend war als die Erforschung des Weltraums. Hier gab es noch Grenzen zu überschreiten, wie es der Tradition der Vereinigten Staaten entspricht. Als es keine geographischen Grenzen mehr gab, verlagerte die Grenze – »frontier« – sich in den Luftraum, in den Weltraum, ins Innere der Atome und in das Innere des menschlichen Bewußtseins. Elisabeth Kübler-Ross war sich bewußt, daß Amerika ihr für ihre eigene Art von Grenzüberschreitung die besten Voraussetzungen bot.

»Hier fand ich eine Gesellschaft, die eine unglaubliche Freiheit gewährleistet und weit über das hinausgeht, was ich in der Schweiz hätte erfahren können. Meine Bestimmung mußte ich in diesem Land verwirklichen, wo ich die Freiheit hatte, meine eigene Arbeit, meine Forschung und meine Art des Unterrichts zu entwickeln, was mir in keiner anderen Nation dieser Welt möglich gewesen wäre.« [1]

Sie ging ihren eigenen Weg innerhalb der großen Bewegung für inneres Wachstum und Entfaltung des menschlichen Potentials. Ihr besonderer Beitrag dazu bestand darin, daß sie als Ärztin das Tabu des Todes brach in einer Gesellschaft, die sich verschworen hatte, den Tod zu verleugnen. Als sie das erste Interview mit einer an unheilbarer Leukämie erkrankten Patientin führte, konnte sie noch nicht wissen, wohin ihre Arbeit mit Kranken und Sterbenden sie führen würde. Ein Schritt auf diesem Weg war die therapeutische Begleitung Sterbender, so daß die Patienten die Übergänge von einem Stadium in das andere besser und bewußter vollziehen konnten. Sie kam zu der wesentlichen Erkenntnis, daß eine gute Sterbebegleitung nur dann gelingt, wenn die betreuende Person sich mit ihrer eigenen Sterblichkeit auseinandergesetzt hat. Das »Reifwerden zum Tode« betrifft nicht nur den Sterbenden, sondern auch die Begleitpersonen, und das sind alle Menschen, die mit dem Patienten Umgang haben: Ärzte, Krankenschwestern, Seelsorger, Therapeuten, und nicht zuletzt die Angehörigen. Daß der Tod als ständiger Begleiter des Lebens in unserer Kultur wieder wahrgenommen wird, ist das Verdienst von Elisabeth Kübler-Ross.

Ebenso revolutionär war ihre Erkenntnis, daß die äußerste Lebenskrise, die Erwartung des bevorstehen Todes, zu einer Steigerung des Lebens führen kann, zu einer Zeit des Reifens und inneren Wachsens. Dazu Hilfestellung zu geben, ist der beglückendste Aspekt der Sterbebegleitung. Das setzt eine enge, von Vertrauen und Liebe getragene Beziehung zwischen dem Sterbenden und der ihn begleitenden Person voraus, eine beiderseitige Bereitschaft zu wachsen und zu lernen. Daher kann Elisabeth Kübler-Ross sagen, daß ihre »größten Lehrmeister« die Sterbenden waren. Sie lehrten sie, daß der Tod die letzte Stufe der Reife ist und ein wahrer »Schlüssel zum Leben«.

»Der Tod ist uns immer nahe und wird uns immer nahe bleiben. Er ist ein untrennbarer Bestandteil der menschlichen Existenz. Deswegen war und ist er immer Gegenstand tiefer Betroffenheit für uns alle. Seit der Morgendämmerung der Menschheit hat der menschliche Geist über den Tod nachgedacht und nach einer Antwort auf seine Geheimnisse gesucht. Denn die Frage nach dem Tod ist der Schlüssel, der das Tor zum Leben öffnet.« [2]

Die Integration des Todes in das Bewußtsein wirkt befreiend, weil der Sinn des Lebens sich erst von seinem Ende und Ziel, dem Tod, her erschließt. Er steigert das Leben paradoxerweise gerade dadurch, daß er die Begrenztheit des menschlichen Lebens zu Bewußtsein bringt. Dadurch können Kräfte freigesetzt werden für eine bewußtere Lebensgestaltung, für eine größere Verantwortlichkeit dem eigenen Leben gegenüber sowie für den Prozeß der inneren Reifung.

»Für jene, die sich um das Verständnis des Todes bemühen, stellt er eine in hohem Maße kreative Kraft dar. Die höchsten spirituellen Werte können aus dem Bedenken und dem Studium des Todes entspringen.

...

Ich hoffe, meinen Lesern eine wichtige Botschaft vermitteln zu können: nämlich, daß der Tod nicht eine katastrophale, destruktive Angelegenheit sein muß. Vielmehr kann man ihn als einen der konstruktivsten, positivsten und kreativsten Bestandteile der Kultur und des Lebens ansehen.« [3]

Die Lehre der äußersten Krise einer tödlichen Erkrankung kann aber auch für jede andere Krise und in jeder Lebenszeit fruchtbar werden. Dieser zweite Teil der Botschaft läßt sich in dem Satz zusammenfassen: »Lebe jeden Tag, als wäre es der letzte.« Jedes Leben ist begrenzt, auch wenn der Tod noch in ferner Zukunft liegt. Er sollte immer bedacht werden, nicht als morbide Obsession, sondern als der Begleiter, der uns mahnt, jede Stunde zu nutzen, jeden Tag wesentlich zu leben. Das Bewußtsein von der Allgegenwart des Todes hilft uns nicht nur, gut zu sterben, sondern auch gut zu leben.

»Der Tod kann uns den Weg zeigen, denn wenn wir wissen und vollständig verstehen, daß unsere Zeit auf dieser Erde begrenzt ist und daß es keine Möglichkeit zu wissen gibt, wann sie vorbei sein wird, dann müssen wir jeden Tag so leben, als wäre es der einzige, den wir haben. Wir müssen die Zeit nutzen und anfangen – Schritt für Schritt, mit einer Geschwindigkeit, die uns nicht ängstlich macht, sondern begierig, den nächsten Schritt zu tun, um zu uns selbst heranzureifen.« [(4)]

Es kommt darauf an, den Platz zu finden, der einem jeden bestimmt ist. Wer *authentisch* leben will, muß sich von dem Leben aus zweiter Hand befreien, denn darin liegt die tiefste Ursache der Angst: die Angst vor der scheinhaften Wirklichkeit, dem scheinhaften Ich, die Angst, sich selbst zu verfehlen und am Leben vorbeizugehen.

»Wenn Menschen begreifen, welches ihr Platz im Universum ist, werden sie auch reif dafür werden, diesen Platz einzunehmen. Aber die Antwort findet sich nicht in den Worten auf dieser Seite. Die Antwort liegt in dir selbst. Du kannst ein Quellfluß großer innerer Kraft werden. Aber du mußt alles aufgeben, um alles zu gewinnen. Was mußt du aufgeben? Alles, was nicht wirklich du bist, was du ausgewählt hast, ohne wirklich zu wählen, und dem du Wert zumißt, ohne es bewertet zu haben; alles, was du übernommen hast durch das von außen kommende Urteil anderer und nicht durch das eigene; alle deine Selbstzweifel, die dich daran hindern, dir selbst oder anderen Menschen zu vertrauen und dich wie sie zu lieben. Was wirst du gewinnen? Nur dein eigenes wahrhaftiges Selbst; ein Selbst, das Frieden gefunden hat, das imstande ist, wirklich zu

lieben und geliebt zu werden, und das begreift, wer und was zu sein ihm bestimmt ist.« [5]

Das ist im Grunde die uralte Botschaft des »Erkenne dich selbst«, die über dem Eingang des delphischen Orakels stand, die die indischen Upanischaden vermitteln, die unter anderem auch in den Legenden über die großen Weisen des Judentums zu finden ist. Aber eine alte Weisheit geht verloren, wenn sie den Voraussetzungen einer veränderten Zeit entsprechend nicht neu formuliert, neu geltend gemacht wird.

Elisabeth Kübler-Ross hat diese alte Erkenntnis durch ihre Berufung als Ärztin und Therapeutin für unsere Zeit fruchtbar gemacht. Sie hat Grenzen überschritten – die Grenzen ihrer Fachdisziplin, die Grenzen, die unsere Zivilisation mit ihrer Todesverdrängung ihr setzten, die Grenze zwischen Wissenschaft und Religion. Sie ist einen Weg zu Ende gegangen, der mit den Schmetterlingen von Majdanek begann: daß der Tod nicht das Ende ist und daß auch der geistig-seelische Tod in einem bewußtlosen, fremdbestimmten Leben verwandelt werden kann in ein wahrhaftes Leben. Wie der Mensch sich im Tod seiner körperlichen Hülle entledigt, gleich einem Schmetterling, der aus dem Kokon schlüpft, so können Menschen schon im Leben eine Wandlung erfahren und sich zu ihrem authentischen Ich befreien. Der Tod als Übergang in eine andere Daseinsform kann vorweggenommen werden, wenn wir uns von allem lösen, was das wahre Leben behindert. Der Weg dahin führt durch die Bewußtwerdung der eigenen Negativität, durch das Bündel von destruktiven Denk- und Verhaltensweisen, das wir oft ein Leben lang mit uns herumschleppen. Er führt durch das Loslassen der Negativität in einem schmerzhaften Wachstumsprozeß. Das mit Angst- und Schuldgefühlen, mit unterdrücktem Zorn und nicht ausgelebter Trauer belastete Ich muß sterben, damit das neue, das wahre Ich auferstehen kann.

Das ist eine Weisheitslehre für unsere Zeit. Wie so manche Wissenschaftler und Psychologen der transpersonalen Richtung stößt Elisabeth Kübler-Ross damit in religiöse Bereiche vor. Das hätte sie sich am Anfang ihrer Karriere nicht träumen lassen. Schon früh der Kirche entfremdet, war Religion für sie kein Thema. Ihre Erfahrungen mit Sterbenden, die Konsequenzen des Todes für ein wahrhaft gelebtes Leben und eigene transpersonale Erlebnisse öffneten ihr die Augen für die »andere« Wirklichkeit. Daß das Leben nicht mit dem Tod zu Ende ist, weiß der christliche Glaube, wie jede andere Religion, aber der säkularisierte Mensch hat sich angewöhnt, diese Wahrheit aus seinem Denken auszuklammern. Der Weg der inneren Wandlung, ob im Sterben oder im Leben auf der Suche nach Sinn und Ganzheit, führt unweigerlich in einen spirituellen Raum. Das hat sich in jedem Workshop von Elisabeth Kübler-Ross erwiesen. Die Workshops als Lebensschule weckten, wie die gesamte »Human potential movement«, ein spirituelles Bewußtsein jenseits aller konfessionellen Grenzen.

Was von den Teilnehmern als die verwandelnde Kraft erlebt wurde, ist bedingungslose Liebe. Sie hat Gläubige und Ungläubige berührt, Todkranke und Gesunde, Trauernde und Zornige, Verbitterte und von Angst- und Schuldgefühlen Gequälte. Die Sprengkraft dieser annehmenden, nicht urteilenden, mitfühlenden Liebe hat das Wunder der inneren Heilungen vollbracht, die sich in den Workshops über »Leben, Tod und Übergang« bei vielen Menschen ereigneten.

98

Sie sollte Christen vertraut sein, denn sie ist nichts anderes als die Liebe, von der Jesus Christus redet. In den Evangelien erscheint sie als ein unerreichbares Ideal; in der Sterbebegleitung und im therapeutischen Raum der Workshops wurde sie erlebte Wirklichkeit. Im alltäglichen Leben tun wir uns schwer mit ihr, denn wir wissen nicht, was das bedeutet: einen Menschen, *jeden* Menschen bedingungslos zu lieben, so wenig, wie wir das Gebot, »unseren Nächsten zu lieben wie uns selbst«, wirklich verstehen. Wir lieben für gewöhnlich die, die uns nahestehen, Blutsverwandte und Wahlverwandte. Wir lieben, was uns anzieht, was uns fasziniert, was gut zu uns ist und uns glücklich macht. So unterscheiden wir zwischen Freunden und solchen, die es nicht sind. Der Anspruch der »bedingungslosen Liebe« widerspricht der Gewohnheit, zu prüfen und zu beurteilen, was uns »liegt« und was uns »nicht liegt«.

Weil die bedingungslose Liebe in der Botschaft von Elisabeth Kübler-Ross eine so zentrale Rolle spielt, für die meisten Menschen aber schwer nachvollziehbar ist, möchte ich kurz von einem Erlebnis berichten, das mir die Qualität dieser Liebe bewußt machte.

Ich befand mich in einer Gruppe, in der eine einfache Partnerübung durchgeführt wurde. Dabei sollte jeder sich einen zweiten suchen, sich ihm gegenüber auf den Boden setzen und diesem Menschen eine lange Zeit in die Augen sehen. Ich geriet an einen Teilnehmer, den ich mir nicht ausgesucht hätte, wenn ich hätte wählen können. Er war mir in der Gruppe aus verschiedenen Gründen unangenehm aufgefallen, und ich mied seine Nähe. Nun sollte ich ausgerechnet mit ihm diese intime Übung durchführen. Wem blickt man schon lange in die Augen, ohne daß es peinlich wird? Doch nur einem besonderen, einem geliebten Menschen. Kleine Kinder können so schauen, ohne den Blick abzuwenden. Das ist das Bestürzende und Anrührende am Blick von Säuglingen, daß er sich so tief und unbefangen in die Augen des Gegenübers versenken kann. Später lernen wir, den allzu langen Blickkontakt zu vermeiden. Er gilt als unschicklich, mit einer Ausnahme: Selige Liebe darf sich in den Augen des anderen verlieren. Nun saß ich diesem jüngeren Mann, der mir eher unsympathisch war, gegenüber und mußte ihm in die Augen schauen wie einem Geliebten. Ich tat es mit innerer Überwindung und dachte, daß ich es wohl nicht lange aushalten würde. Ich überwand diesen Punkt, und dann geschah etwas Eigenartiges. Ich sah nicht mehr die merkwürdig unharmonischen Gesichtszüge, in denen sich Spannung ausdrückte, die schiefe Nase und den ausdruckslosen, etwas verzogenen Mund. Ich dachte plötzlich nicht mehr an das, was mich an diesem Menschen irritiert hatte, es war wie weggewischt. Ich sah nur die Augen und in ihrer Tiefe einen Menschen, der nicht anders war als ich. Ohne ihn zu kennen, wußte ich, daß ich ihn verstehen würde und mich auf ihn einlassen könnte. Der Blick in die Augen, dieser ausgedehnte Augenblick, brachte mir diesen Menschen, gegen den ich eine Abneigung gefaßt hatte, nahe wie einen Bruder. Ein nie gekanntes Gefühl überkam mich. Ich denke, es war eine Ahnung dessen, was Elisabeth Kübler-Ross und diejenigen, die bei ihren Workshops waren, bedingungslose Liebe nennen. Nach der Übung führten wir ein längeres, tiefes Gespräch. Ich konnte ihn ohne Vorurteile annehmen, so wie er war. Ein paar Wochen später besuchte er mich, aber da war der Strahl der bedingungslosen Liebe schon gebrochen, und ich begriff, daß sie immer von neuem gewählt und erarbeitet werden muß. Sie fällt uns, die wir nicht in der ständigen Gnade leben, nicht in den Schoß. Aber daß es sie gibt, daß sie möglich ist, das hatte ich immerhin erfahren. Es ist eine personale Liebe, und der springende Punkt ist, daß sie grundsätzlich *jedem* Menschen entgegengebracht werden kann, nicht nur dem auserwählten, sondern auch dem unbekannten oder dem unsympathischen. Sie löscht diese Urteile und die damit verbundenen negativen Gefühle aus. Sie kommt dem andern so nahe, daß sie die kritische Distanz durchbricht. Das gibt beiden die Freiheit, sich dem andern aus dem innersten Wesen zu zeigen und der zu sein, der man wirklich ist. Sie wendet sich voraussetzungslos einem anderen Menschen zu und nimmt ihn an in seiner Eigenart und in seinem Leiden. Sie hat eine heilende Wirkung für beide.

Elisabeth Kübler-Ross war schon in jungen Jahren empfänglich für die bedingungslose Liebe, wie ihr Lebenslauf zeigt. Sie hat sie bei den Mitgliedern des Internationalen Friedensdienstes, bei amerikanischen Quäkern und bei dem jüdischen Mädchen Golda in Majdanek erfahren. Sie ahnte, daß die radikale Liebe einmal eine große Rolle in ihrem Leben spielen würde. Sie sollte zum innersten Kern ihrer Botschaft werden. Diese Liebe geht Hand in Hand mit der Erfahrung des Todes als dem Endpunkt und der Vollendung des Lebens. Sie offenbart sich in einem Bewußtsein, das den Tod als Grundbedingung des menschlichen Lebens akzeptiert. Wer die Angst vor dem Tod verliert, schafft Raum für die Liebe. Krankenpflege, Sterbebegleitung, Seelsorge, Psychotherapie, Gruppenarbeit ist nur so gut, wie die bedingungslose, vorurteilsfreie, annehmende Liebe sich in ihr manifestiert. Diese wirkt Wunder, auch wenn sie nicht beim Namen genannt wird. Sie verbindet über alle persönlichen, kulturellen oder religiösen Gegensätze hinweg, denn alle Menschen treten nach dem gleichen Gesetz an. Sie schafft Vertrauen, löst Negativität auf und stärkt die Kräfte der Selbstheilung. Wenn es eine Hoffnung gibt, daß die Menschheit einen Schritt vorankommen wird in Richtung auf den »Punkt Omega«, wie Teilhard de Chardin ihn genannt hat, dann durch ihr Zusammenwachsen in der gegenseitigen Liebe. Das ist eine Arbeit, die jeder einzelne für sich leisten muß. Jeder Mensch hat die Fähigkeit dazu.

»In jedem von uns steckt ein Potential von Güte, von dem wir uns nichts träumen lassen; von der Fähigkeit zu geben, die keinen Lohn verlangt; der Fähigkeit zuzuhören, ohne ein Urteil zu fällen; der Fähigkeit, bedingungslos zu lieben. Es ist unser Ziel, dieses Potential zu verwirklichen. Wir können uns jeden Tag und jede Minute daran annähern, im Großen oder im Kleinen, wenn wir es versuchen.« [6]

Das ist die Evolution, die ansteht. Das ist die Hoffnung für die Welt von morgen.

»In den Jahrzehnten, die vor uns liegen, können wir vielleicht ein Universum erleben, eine Menschheit und eine Religion, die uns alle in einer friedlichen Welt vereinen. Es ist die Aufgabe eines jeden von uns, die Grundlagen für diese zukünftige Generation zu legen, indem wir jetzt den Versuch unternehmen, unsere Mitmenschen zu verstehen und um sie besorgt zu sein, gleichgültig welches ihr Bekenntnis, ihre Hautfarbe oder ihre Philosophie ist. Durch die Einsicht, daß wir letzten Endes alle dasselbe Schicksal teilen – daß ebenso sicher, wie wir leben, wir auch sterben werden –, kann uns klar

*werden, daß wir auch im Leben eine Einheit dar-
stellen müssen, im Bewußtsein und in der Aner-
kennung unserer Unterschiede, und dennoch akzeptieren, daß im Hinblick auf unser Menschsein
wir alle gleich sind.«* [7]

6. Jenseits dieser Welt und Zeit

Wenn wir doch in unserem Inneren wissen,
daß unser irdisches Dasein
nur eine relativ kurze Zeit umfaßt,
warum sollten wir dann nach Vollendung,
nach Liebe und Frieden streben,
es sei denn, weil wir den Wunsch haben,
die Welt um ein weniges besser,
ein weniges menschlicher gemacht zu haben,
wenn wir sie verlassen,
als wir sie bei unserem Eintritt ins Leben vorfanden?

Elisabeth Kübler-Ross

In diesem letzten Abschnitt sollen die Dinge zur Sprache kommen, die Elisabeth Kübler-Ross selbst das wichtigste Anliegen sind.

Sie sind die Summe ihrer Botschaft, ihre eigentliche Mission, um deretwillen sie nach ihrer Überzeugung auf die Erde gekommen ist. Es sind die Dinge, die vielen Menschen eine Antwort auf ihre drängenden Fragen nach Leben und Tod gegeben und andererseits den Unglauben und Spott derjenigen herausgefordert haben, die sich von dem materialistischen Weltbild nicht lösen wollen. Denn in diesem hat nur Platz, was der rationale Verstand begreifen und wissenschaftlich bewiesen werden kann. Inzwischen geht die Wissenschaft neue Wege und wird anders definiert. Ein »neues Paradigma« ist im Begriff, das alte abzulösen und Phänomene nach anderen Kriterien zu beurteilen. Was Elisabeth Kübler-Ross über den Tod und das Leben danach erkannt hat, gehört dem neuen Paradigma an. Die

Materie und der Geist sind in dieser Weltsicht nicht mehr streng voneinander geschieden, und eine Seinsform, die über unser dreidimensionales Vorstellungsvermögen hinausgeht, ist nicht nur denkbar, sondern plausibel geworden. Phänomene, die früher dem Bereich des Religiösen, Parapsychologischen oder »Okkulten« zugeordnet wurden, sind heute Gegenstand seriöser wissenschaftlicher Forschung.

Wer in diesen Bereichen forscht, kann nicht umhin, sich zu verändern. Aus einem Skeptiker, Agnostiker oder Atheisten wird zwangsläufig ein Mensch, für den Transzendenz wirklich und erfahrbar ist, denn er *weiß* um diese andere Wirklichkeit. Er hat sie erlebt.

Elisabeth Kübler-Ross war nach ihrer eigenen Aussage anfangs eine »skeptische Halbgläubige«, die zunächst gar kein Interesse an der Frage eines Lebens nach dem Tod hatte. Doch als sie anfing, Sterbende zu begleiten, machte sie Erfahrungen, die sie nicht einfach übergehen konnte. Sie begann sich zu fragen, warum bisher niemand den Tod erforscht hatte. In der Medizin geht es ausschließlich um Heilung des Körpers und Verlängerung des Lebens. Vor dem Tod kapituliert sie. Was war der Tod denn eigentlich? Die medizinische Definition griff offensichtlich zu kurz. Da Elisabeth Kübler-Ross viel Zeit in ihrem Leben damit verbrachte, am Bett todkranker Menschen zu sitzen, machte sie immer wieder bestimmte Erfahrungen. So beobachtete sie, daß Sterbende häufig mit verstorbenen Personen redeten, als wären sie anwesend. Waren das Halluzinationen, oder waren diese Erscheinungen, die andere nicht wahrnehmen konnten, Wirklichkeit? Vor Eintritt des Todes und unmittelbar danach hatte auch das Gesicht von Menschen, die kurz davor noch gelitten und mit dem Tod gerungen hatten, einen Ausdruck von unbeschreiblichem Frieden, von Erhabenheit und Freude. Viele Kinder sprachen davon, daß jenseits des Todes geliebte Angehörige, die ihnen im Tod vorausgegangen waren, auf sie warteten. Sie hatte Patienten, die ihr von Nahtoderfahrungen berichteten, wie sie mittlerweile auf der ganzen Welt gesammelt und untersucht worden sind. Die Evidenz dieser Fälle deutet darauf hin, daß die menschliche Existenz nicht zu Ende ist, wenn die Körperfunktionen aufhören, wenn das Herz stillsteht und keine Gehirnwellen mehr nachweisbar sind. Es gibt offenbar einen nicht-physischen Leib, der den Körper im Bett, auf dem Operationstisch oder an einem Unfallort mit außerkörperlichen Sinnen wahrnimmt und alles registriert, was »unten« vor sich geht. Die Personen, die nach einem solchen Erlebnis wieder ins Leben zurückgeholt wurden, berichten übereinstimmend, daß sie sich von ihrem Körper gelöst hätten und über diesem geschwebt seien. Ihr nichtmaterieller, »ätherischer« Leib sei heil und ganz gewesen. Amputierte hatten ihre Gliedmaßen wieder, Blinde konnten sehen, Gehörlose hörten, Krebspatienten, denen infolge von Chemotherapie die Haare ausgefallen waren, hatten ihre Haare wieder. Alle Gebrechen waren geheilt; alle Schmerzen hatten aufgehört. Der Tod als unwiderrufliches Ende betraf nur den materiellen Leib, die Ebene des Irdischen. Die Seele, die geistige Substanz oder das Bewußtsein existierte auf einer anderen Ebene weiter. Nichts anderes besagt der christliche Glaube, aber über die Schwelle des Todes breitete er den Vorhang des Schweigens. Kübler-Ross, wie andere Thanatologen auch, kam zu der Erkenntnis, daß der Tod nichts anderes ist als ein Hinübergehen in einen anderen Zustand des

Bewußtseins, in dem man weiterhin fühlt, sieht, hört, begreift und sich weiter entwickelt. Es sind, wie nochmals betont sei, *Erfahrungen*, nicht Spekulationen oder Phantasien, die Elisabeth Kübler-Ross genötigt haben, den Tod zu erforschen. Sie mußte eine Erklärung finden für die Phänomene, deren Zeugin sie wurde. Ihr Wahrheitsdrang mußte die Bedeutung des Todes und die Wirklichkeit des Zustands nach dem Tod ergründen. Sie untersuchte die Fälle von Nahtoderlebnissen bei ihren Patienten. Sie trug die Forschungsergebnisse anderer zusammen, die bekannt geworden waren und die Öffentlichkeit erregt hatten. Auf der ganzen Welt, in allen Kulturen gibt es Belege dafür, daß das Leben mit dem Tod nicht zu Ende ist, daß es möglich ist, eine Verbindung herzustellen zwischen den Bereichen, die wir das Diesseits und das Jenseits nennen. Der Schamanismus, die Kulturen des Fernen Ostens und der Aborigines vieler Länder haben die andere Wirklichkeit jenseits der irdischen Welt nie verleugnet und als irrational verworfen wie der Westen.

Elisabeth Kübler-Ross und ihre Mitarbeiter machten sich mit der Auffassung von Tod und Jenseits in anderen Kulturen und mit dem neuesten Stand der Forschung vertraut. Es waren jedoch ihre eigenen Erfahrungen, die sie nötigten, den eingeschlagenen Weg fortzusetzen.

Jahrelang behielt sie bestimmte Erlebnisse für sich oder teilte sie nur einem kleinen Kreis aufgeschlossener Menschen mit. In verschiedenen Vorträgen und einer Lehrkassette, die Elisabeth Kübler-Ross 1980 herausgab, sprach sie zum ersten Mal öffentlich über diese Erfahrungen. So berichtete sie von ihrer Patientin Frau Schwarz, die ein Nahtoderlebnis gehabt hatte und einige Zeit danach verstorben war. Als Elisabeth Kübler-Ross die Seminare über Tod und

Sterben in Chicago unter dem Druck des Widerstands ihrer Fachkollegen aufgeben mußte, erschien ihr diese Verstorbene am hellichten Tag, um ihr zu sagen, daß sie ihre Arbeit über das Sterben und den Tod fortsetzen müsse, weil sie von größter Bedeutung für die Welt sei. Sie zweifelte zuerst selbst an der Wirklichkeit dieses Erlebnisses, und um einen Beweis in der Hand zu haben, daß es sich nicht um eine Halluzination handelte, erbat sie eine schriftliche Mitteilung von der Erscheinung, die sie erhielt und bis heute aufbewahrt. Einige Jahre später wurde ihr mitgeteilt, daß ihre Arbeit mit Sterbenden abgeschlossen sei und ihre eigentliche Aufgabe nun beginne. Diese bestehe darin, »den Menschen zu sagen, daß es keinen Tod gibt«. Die Menschheit steht heute an einem kritischen Punkt: Wird sie sich selbst und den Planeten zerstören, oder wird sie sich öffnen für eine höhere Wirklichkeit und damit die Wende herbeiführen? Schuld an der Zerstörungssucht des Menschen ist die Angst in ihren vielen Formen, und diese Angst verliert nur, wer den Tod nicht mehr fürchtet. Den Tod zu erkennen, nicht als Ende mit Schrecken, sondern als den Vollender des Lebens, als Übergang zu einer neuen Daseinsform, das zu lehren war ihre Aufgabe. Wieder zieht Elisabeth Kübler-Ross das Symbol des Schmetterlings heran, um die Verwandlung zu erläutern. Wie der Schmetterling seinen Kokon ablegt, so streift der Mensch im Tod seine sterbliche Hülle ab und geht in eine andere Dimension des Daseins, sozusagen in einen höheren Frequenzbereich über. Wir sind im Leben ständig von Wesen solcher höheren Frequenzen umgeben, aber die meisten von uns nehmen sie nicht wahr. Wir nennen sie in unserer Tradition »Schutzengel« oder »Geistführer«. Kinder haben zu ihnen oft eine natürliche Beziehung, und in Ausnahmesituationen des Lebens, in großer Not, in Erschöpfungszuständen oder wenn man sie ernsthaft anruft, können sie mit unseren feineren Sinnen wahrgenommen werden. Den Sterbenden empfangen sie an der Schwelle des Todes, und daher stirbt, wie Elisabeth Kübler-Ross unterstreicht, kein Mensch allein.

Was sie in der Lehrkassette über die Erfahrungen nach dem Tod berichtet, haben auch andere Thanatologen in ähnlicher Weise ausgesagt. Die Phänomene, die das Sterben begleiten, sind bei allen Menschen gleich, mit geringen Unterschieden, je nach der kulturellen Prägung des Betreffenden. Daß es sich dabei um Wunschdenken oder Projektionen handeln könne, ist bei näherer Untersuchung der Fälle ausgeschlossen. Elisabeth Kübler-Ross berichtet von krebskranken Kindern, die in der Phase der Vorbereitung auf den Tod ihren Körper verlassen können. Auch in bestimmten Schlafphasen haben viele Menschen außerkörperliche Erlebnisse, aber im Wachbewußtsein erinnern sie sich nicht mehr daran, wie die meisten sich auch an ihre Träume nicht erinnern.

Wenn der Mensch nun die Schwelle zum Tod überschritten hat und von seinen jenseitigen Verwandten und Freunden empfangen worden ist, muß die Seele oder geistige Substanz durch eine Art von »Tunnel«, wie manche es beschreiben, durch ein Tor oder über einen Fluß oder, wie bei Elisabeth Kübler-Ross, über einen Gebirgspaß. Auch was dann folgt, stimmt mit den Berichten anderer Thanatologen, sowie mit Abschnitten des *Tibetanischen Totenbuchs,* vollständig überein.

»Nachdem wir diese sichtbare, sehr schöne und individuell abgestimmte Art des Durchgang ... durch-

schritten haben, nähern wir uns einer Lichtquelle, welche viele unserer Patienten beschrieben haben und welcher auch ich selbst entgegentreten durfte. Diese Begegnung bescherte mir die unsagbar schönste und unvergeßlichste Erfahrung, die man das Innesein des kosmischen Bewußtseins nennt. In der Gegenwart dieses Lichts, das von den meisten Wissenden in unserer westlichen Kultur als Christus, Gott, Liebe oder einfach als Licht bezeichnet wird, sind wir von totaler und absoluter Liebe, von höchstem Verstehen und tiefstem Mitempfinden umgeben.« [2]

Dieses Licht entspringt einer Quelle reiner spiritueller Energie. Sie ist etwas grundsätzlich anderes als physische oder psychische Energie. In ihr hat keinerlei Negativität mehr Platz. Sie ist die absolute und bedingungslose Liebe, die nicht verurteilt und nicht bestraft. In der Fülle dieses Lichts findet das statt, was Elisabeth Kübler-Ross die »Revision« nennt: Wie auf einem Bildschirm läuft das eigene Leben vor den geistigen Augen des Verstorbenen ab. Er wird sich aller seiner Gedanken, Worte und Taten und deren Konsequenzen bewußt. Nicht das göttliche Strafgericht urteilt über ihn, sondern er selbst wird sich bewußt, wie er sich in seinem Leben verhalten hat. Bevor das geistige Wesen oder die Seele sich mit der göttlichen Lichtquelle vereinigen kann, müssen die Mängel behoben werden, in der jenseitigen Welt oder in einem neuen Erdenleben. Das ist der Sinn der Reinkarnation, wie er in vielen Traditionen – in frühester Zeit auch im Christentum – von jeher aufgefaßt wurde. Die Wiedergeburt ist die Chance des Menschen, sich noch einmal im irdischen Leben zu bewähren und die Dinge zu lernen, die er noch nicht gelernt hat.

An der Reinkarnationslehre scheiden sich auch heute noch die Geister. Wir wollen hier nicht weiter darauf eingehen, aber als Bestandteil des Denkens von Elisabeth Kübler-Ross, als ein Teil ihres Erfahrungsschatzes und Gegenstand ihrer Forschung muß sie erwähnt werden.

Eine ihrer ersten mystischen Erfahrungen, von der Elisabeth Kübler-Ross auf der »Lehrkassette« berichtet, ereignete sich in einem Labor in Virginia, im Rahmen eines wissenschaftlichen Experiments. Der erweiterte Bewußtseinszustand wurde medizinisch induziert. Sie trat so schnell aus ihrem Körper aus, daß der Versuchsleiter sie zurückholte, bevor das Erlebnis abgeschlossen war. Beim zweiten Versuch nahm sie sich vor, ihre »Reise« selbst zu programmieren, konnte sich nach der Rückkehr in ihren physischen Körper aber an nichts erinnern als an die Worte »Shanti Nilaya«, deren Bedeutung sie nicht kannte. Gleichzeitig fand sie sich von schweren körperlichen Beschwerden geheilt. In der folgenden Nacht, die sie in einer einsam gelegenen Pension verbrachte, hatte sie ein mystisches Erlebnis, das einer Todeserfahrung gleichkam.

»Im wahrsten Sinn des Wortes durchlebte ich die tausend Tode, welche die von mir betreuten Sterbenden durchgemacht hatten. Ich befand mich physisch, emotionell, intellektuell im Todeskampf.« [3]

Inmitten dieser Schmerzen bat sie um Hilfe, die ihr nicht gewährt wurde. Als sie ihren Widerstand aufgab, wurde ihr »ein Wiedergeburtserlebnis zuteil, das man mit menschlichen Worten nicht zu beschreiben vermag«. Es begann mit schnellen Schwingungen, die sich über ihren Körper ausbreiteten und alle Gegenstände um sie herum und die ganze Natur

erfaßten. Es kam ihr vor, als ob jedes Molekül des ganzen Planeten vibriere. Hinter der Erscheinung einer Lotosblume erstrahlte das Licht, von dem ihre Patienten gesprochen hatten. Sie erlebte dieses Licht als die absolute, bedingungslose Liebe und verschmolz mit ihm. Nach dem Erwachen, als sie durch eine innere Nötigung ins Freie gegangen war, erlebte sie eine Ekstase, die sie als einen »Zustand der totalen Liebe« schildert.

»Ich befand mich in einer Liebeswallung mit jedem Blatt, jeder Wolke, jedem Grashalm und jedwedem Lebewesen. Ich fühlte sogar das Pulsieren eines jeden Steinchens auf dem Weg… Es war ganz einfach eine aus dem kosmischen Bewußtsein heraus erfolgte Wahrnehmung. Ich durfte somit das Leben in der ganzen belebten Natur erkennen samt jeder Liebe, die man mit Worten niemals wiederzugeben vermag.« [4]

Im östlichen Kulturkreis ist eine solche Erfahrung nichts Ungewöhnliches. Ähnliche Erlebnisse des kosmischen Bewußtseins, des Zustands von »Samadhi«, sind in Indien in großer Zahl überliefert, und es würde niemandem einfallen, ihre Echtheit grundsätzlich zu bezweifeln. Seit vor wenigen Jahrzehnten, vor allem in den USA, die Bewußtseinsforschung damit begann, außersinnliche Wahrnehmungen wissenschaftlich zu untersuchen, wird auch hier die Skepsis gegenüber solchen Phänomenen allmählich abgebaut. Die Realität eines Lebens nach dem Tod ist wissenschaftlich diskutierbar geworden, wie neuere Publikationen auf diesem Gebiet zeigen. [5]

Elisabeth Kübler-Ross geht es in erster Linie darum, aus diesen Erfahrungen Konsequenzen für das Leben zu ziehen. Negativität soll überwunden werden, damit die bedingungslose Liebe, aus der wir stammen und zu der wir nach dem Tod zurückkehren, schon bei Lebzeiten durch uns wirken und unser Leben verwandeln kann. *»Das wichtigste aber von allem ist, daß wir lernen, bedingungslos zu lieben.«* Nur durch diese Liebe können die vier

»Quadranten« des menschlichen Daseins – der physische, emotionelle, intellektuelle und spirituelle Aspekt – in Harmonie kommen. Nur so kann der Mensch wahrhaft im Frieden sein. An der Schwelle des Todes findet durch den Strahl des göttlichen Lichts ein Ausgleich statt, aber was der Mensch mitbringt, wie er auf der Erde gelebt hat, wird nicht getilgt, sondern wirkt sich auf seine weitere Existenz aus.

Aus dem Munde einer Ärztin, die sich Verdienste erworben hat als Reformerin des Krankenhausbetriebes und der aktuellen Krankenbetreuung, als bahnbrechende Begründerin der Sterbebegleitung, als Initiatorin der Hospizbewegung und Psychiaterin, die unbestreitbare Erfolge in der Behandlung Schizophrener vorzuweisen hat, klingen solche Worte für manche Ohren sonderbar. Was man einem »Weisheitslehrer« zugestehen würde, will man einer wissenschaftlich geschulten Ärztin nicht abnehmen. Das erscheint absurd, aber auch begreiflich angesichts der immer noch weitverbreiteten Befangenheit im »alten Paradigma«. Elisabeth Kübler-Ross hat das verstanden und in Kauf genommen.

»Diese Ihnen erzählte Erfahrung hat mein Leben verändert, und zwar in einer Weise, wie ich es nicht in Worten wiederzugeben vermag. Doch ich glaube, ich habe damals ebenfalls begriffen, daß ich, sollte ich mein Wissen über das Leben nach dem Tode mitteilen, im wahrsten Sinne des Wortes durch tausend Tode zu gehen hätte, da die Gesellschaft, in der ich lebe, versuchen würde, mich in Stücke zu reißen. Aber die Erfahrung und das Wissen, die Freude, die Liebe und die Erregung, die diesen Ängsten folgen würden nebst allen Belohnungen, werden bei weitem größer sein als jeglicher Schmerz.« [6]

Mit diesen Worten schließt die Lehrkassette. Sie ist ihr spirituelles Vermächtnis, das Fazit aller Erfahrungen, die sie mit Lebenden und Sterbenden gemacht hat. Sie ist der Hintergrund ihrer Lehre vom guten Sterben und vom authentischen Leben.

Heilkunst im Sinne von Elisabeth Kübler-Ross ist Heilung von Leib und Seele, Anleitung zum ganzheitlichen Leben, psychologisches Wissen, der Blick hinter die Schwelle des Todes als dem Angelpunkt des Lebens, vor allem aber die Zuwendung zum Menschen in bedingungsloser Liebe.

Sie ist einen langen Weg gegangen. Es ließe sich sagen, daß sie ihre Mission erfüllt hat, wenn es nicht anmaßend wäre, unter ein so dynamisches Leben, das noch andauert, einen Schlußstrich zu ziehen.

Große Pionierleistungen haben es an sich, daß sie begeistert willkommen geheißen, aber auch bekämpft werden und vielleicht für eine Zeit verblassen. Doch aus einer neuen, unbefangeneren Sicht wird ihnen einmal der ihnen gebührende Platz in der Geschichte der menschlichen Evolution zufallen.

Es gibt eine Fotografie von Elisabeth Kübler-Ross, die ich besonders liebe. Sie erscheint auf der Umschlagseite-Rückseite ihres Buches »Befreiung aus der Angst«.

Ihr Gesicht durchziehen schon tiefe Furchen. Über der Nasenwurzel und der Stirn steht eine konzentrierte Willenskraft. Die Augen blicken kühn, wissend und ein wenig traurig. Was für ein Wissen wäre das, das nicht in Abgründe geschaut hätte? Nur ein solches Wissen ist Weisheit. Um den Mund spielt ein Lächeln, ein annehmendes – ein resigniertes? Oder vielleicht ist es eher ein entschlossenes und herausforderndes.

Es läßt sich viel herauslesen aus diesem Bild. Nie haben die indianischen Züge ihrer inneren Physiognomie sich in ihrem Gesicht deutlicher ausgeprägt. Mit diesem Antlitz läßt sich Zwiesprache halten wie mit ihren Büchern.

Anmerkungen

Vorwort
1. *Reif werden zum Tode*
(Kreuz Verlag, Stuttgart, 5. Aufl. 1981), S. 27.

1. Die Verschwörung des Schweigens
Motto: *Interviews mit Sterbenden*
(Kreuz Verlag, Stuttgart 1971), S. 123.
1. A.a.O., S. 26 f.
2. A.a.O., S. 39.
3. A.a.O., S. 229.
4. A.a.O., S. 206.
5. A.a.O., S. 220.
6. Ebd.
7. A.a.O., S. 223.
8. *Reif werden zum Tode*, S. 26.
9. A.a.O., S. 27.

2. Stationen ihres Lebens
Motto: Derek Gill, Elisabeth Kübler-Ross.
Wie sie wurde, wer sie ist
(Kreuz Verlag, Stuttgart 1981), a.a.O., S. 365.
1. A.a.O., S. 117.
2. A.a.O., S. 152.
3. A.a.O., S. 158.
4. A.a.O., S. 246f.
5. A.a.O., S. 253.
6. A.a.O., S. 258.
7. A.a.O., S. 286.

3. Die Begleitung Kranker und Sterbender
Motto: *Kinder und Tod* (Kreuz Verlag, Stuttgart 1984), S. 11.
1. *Interview mit Sterbenden,* S. 123.
2. A.a.O., S. 48.
3. A.a.O., S. 49.
4. *Verstehen was Sterbende sagen wollen*
(Kreuz Verlag, Stuttgart 1982), S. 48 f.
5. A.a.O., S. 28.
6. A.a.O., S. 36.
7. *Kinder und Tod*
(Kreuz Verlag, Stuttgart 1984), nach S. 232.
8. A.a.O., S. 148.
9. *Leben bis wir Abschied nehmen*
(Kreuz Verlag, Stuttgart 1979),
jetzt als Taschenbuch des Gütersloher Verlagshauses.
10. A.a.O., S. 28.
11. A.a.O., S. 75.

4. Die Workshops
Motto: *Befreiung aus der Angst*
(Kreuz Verlag, Stuttgart 1983), a.a.O., S. 67.
2. Jetzt als Taschenbuch des Gütersloher Verlagshauses
erhältlich.
3. *Befreiung aus der Angst,* S. 60.
4. A.a.O., S. 41.
5. A.a.O., S. 47.

5. Die Botschaft
Motto: *Reif werden zum Tode,* S. 9.
1. Derek Gill, *Elisabeth Kübler-Ross:*
Wie sie wurde wer ist ist, S. 376.
2. Elisabeth Kübler-Ross, *Reif werden zum Tode,* S. 28.
3. A.a.O., S. 28, 30.
4. A.a.O., S. 233.
5. Ebd.
6. *Befreiung aus der Angst,* S. 49.
7. *Reif werden zum Tode,* S. 30.

6. Jenseits dieser Welt und Zeit

Motto: *Verstehen was Sterbende sagen wollen*
(Kreuz Verlag, Stuttgart 1982), S. 7.
1. Veröffentlicht in
Über den Tod und das Leben danach
(Verlag »Die Silberschnur«, Neuwied, 16. Aufl. 1994)
2. A.a.O., S. 76.
3. A.a.O., S. 84f.
4. A.a.O., S. 87f.
5. Siehe Gary Doore (Hrsg.), *Gibt es ein Leben nach dem Tod?*
(Kösel, München 1994). Die einzelnen Beiträge, u. a. von S. Grof,
S. Krippner, R. Sheldrake und K. Wilber, sind von hohem wissen-
schaftlichem Niveau.
6. *Über den Tod und das Leben danach,* S. 89.

Bildnachweis
Umschlagfoto: Wilhelm Mierendorf, Stuttgart
S. 52, 113: Beno A. Dermond, Zürich
S. 86: Ullstein-Telebunk, Berlin

Die Deutsche Bibliothek – CIP-Einheitsaufnahme

Schaup, Susanne: Elisabeth Kübler-Ross: ein Leben für gutes
Sterben/Susanne Schaup. – Stuttgart: Kreuz, 1996
ISBN 3-7831-1485-3

1 2 3 4 5   00 99 98 97 96

© by Dieter Breitsohl AG
Literarische Agentur Zürich 1996
Alle deutschsprachigen Rechte beim Kreuz Verlag Stuttgart
Postfach 80 06 69, 70565 Stuttgart, Telefon 0711-78 80 30
Umschlaggestaltung: Jürgen Reichert, Stuttgart
Satz: SCR Repro Service · 70794 Filderstadt
Druck und Bindung: J. Ebner Ulm
ISBN 3-7831-1485-3

Das Sterben menschlicher gestalten

Elisabeth Kübler-Ross schildert in diesem Buch »einfühlsam die verschiedenen Verhaltensweisen der Sterbenden und die erforderlichen Reaktionen der Umgebung. Sie will nicht nur durch ihre Arbeit in Krankenhäusern den Sterbenden helfen, sondern auch den Angehörigen. Das Buch ist ein leidenschaftlicher Appell, das Sterben wieder menschlicher zu gestalten«. So urteilte der Bayerische Rundfunk über das vorliegende Werk.

Elisabeth Kübler-Ross
Interviews mit Sterbenden
240 Seiten, Paperback

KREUZ: Was Menschen bewegt.

Hilfe zum Verständnis der »Sprachen«, die Todkranke gebrauchen

Sterbende Menschen gebrauchen eine ganz besondere Sprache, wenn sie ihre tiefsten Ängste und Wünsche zum Ausdruck bringen wollen. Diese symbolische Sprache kann aus Worten und Gesten, aber auch – vor allem bei Kindern – aus Zeichen und farbigen Bildern bestehen. Wie man ihren verborgenen Sinn verstehen lernt, das zeigt in diesem Buch Elisabeth Kübler-Ross an einer Fülle von eindringlichen Beispielen.

Elisabeth Kübler-Ross
Verstehen was Sterbende sagen wollen
Einführung in ihre symbolische Sprache
224 Seiten, Paperback

KREUZ: Was Menschen bewegt.